奔跑　奥林匹克

Olympic Love

侯　琨　吴静钰　编著

文匯出版社

顾问名单

（按姓名首字母顺序排列）

安建平（江苏） 卞岳望（山西）

卜音珂（四川） 郭　磊（北京）

郝建华（北京） 匡　皓（江苏）

周俭雄（广东） 周新民（北京）

Baran Meral（土耳其）

Bob Bravender（美国）

David Maiden（澳大利亚）

Domenico Di Pinto（意大利）

Ingrid O’ Neil（美国）

Roberto Gesta De Melo（巴西）

Shlomi Tsafrir（以色列）

Stathis Douramakos（希腊）

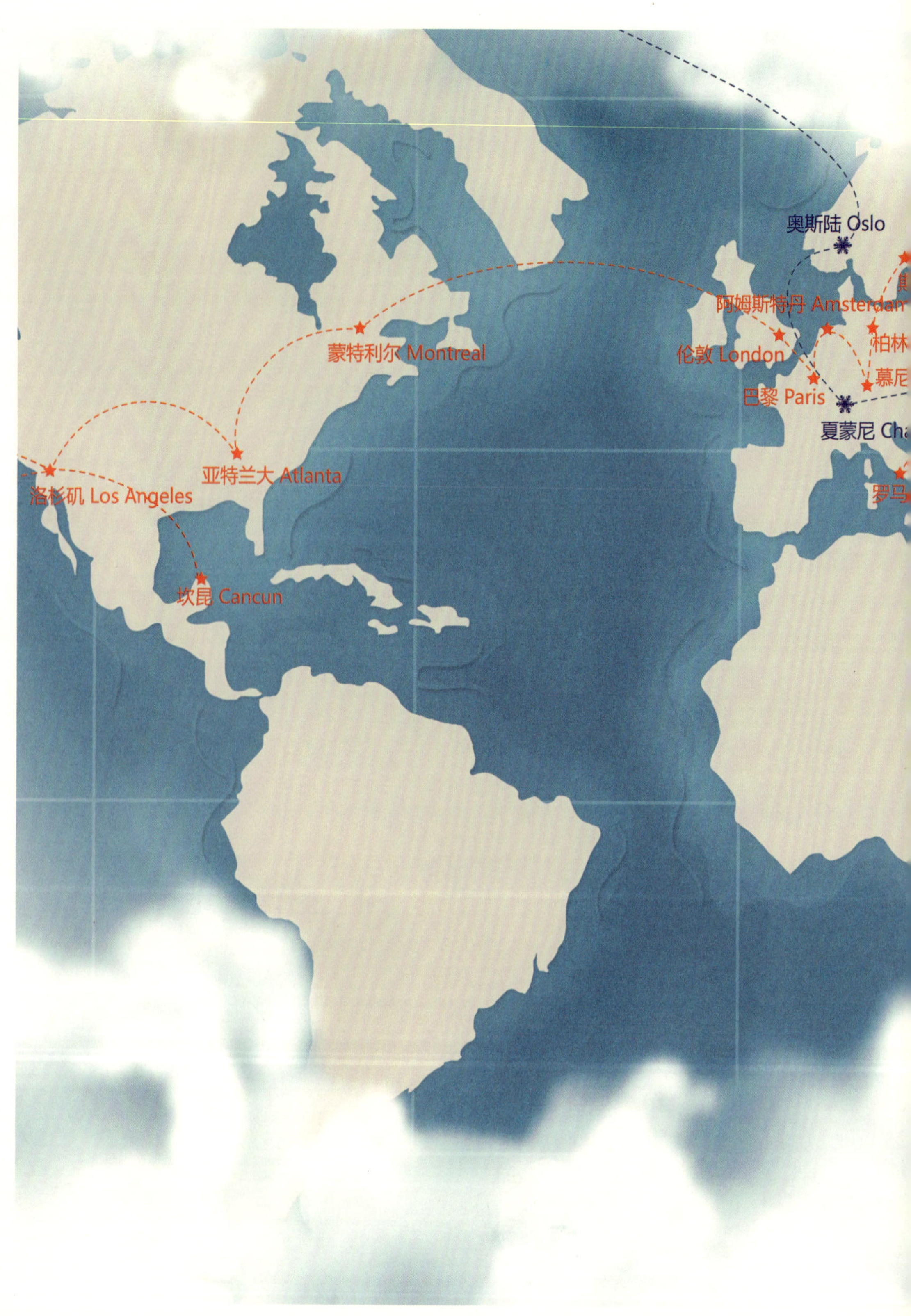

奥斯陆 Oslo
阿姆斯特丹
伦敦 London
柏林
巴黎 Paris
夏蒙尼
蒙特利尔 Montreal
亚特兰大 Atlanta
洛杉矶 Los Angeles
坎昆 Cancun
罗马

侯琨奥林匹克环球行
2012—2015

序

国际奥林匹克委员会主席、1976 年奥运会冠军　托马斯·巴赫博士

国际奥委会一如既往的奋斗目标是——为全世界青少年服务。我们的创始人皮埃尔·顾拜旦先生坚信：体育、教育与文化的融合会帮助和给予青年人更多的快乐、健康以及充实的人生。编写此书的奥林匹克人和两届奥运会冠军、中国奥委会执委吴静钰女士，都感受到了顾拜旦先生的远见卓识。

今天，全世界 73 亿人口中有超过四分之一的人是年龄在 15 岁以下的青少年，他们更需要从体育及其价值中受益。但是在我们这个数字化的时代，想要吸引他们参与体育运动面临着更多的挑战。体育在吸引青年人和符合青年人利益等方面面临着很多竞争对象，有太多的青年人得不到足够的体育锻炼。

这也是为什么呼吁青年人参与体育成为《奥林匹克 2020 议程》的重要目标之一。国际奥委会于 2014 年 12 月一致通过了《奥林匹克 2020 议程》，这也是未来国际奥委会发展战略规划。所涉及的 40 项改革内容包含了青少年、可信性和可持续发展三大范畴。

国际奥委会正在推广多种方式，试图接触到更多的青年人，包括新建一个全年无休的 7 天 24 小时播放的奥林匹克多功能频道，包括运用移动终端等多种方式向全世界分享奥林匹克运动、传播奥林匹克价值观。经验表明，

INTERNATIONAL
OLYMPIC
COMMITTEE
The President

接触到体育运动的人和运动员的榜样力量会使青年人更容易被激励成为体育运动的参与者。

2008 年北京奥运会的举办吸引了全世界的关注并激励了大批的中国及其他国家青年人尝试新的运动并成为积极分子。北京奥运会开幕式吸引了全世界超过 15 亿人的目光，这个数字超过了历史上任何单一节目的收视率，包括人类首次登月。

正如 2014 年南京青奥会一样，2008 年北京奥运会给中国留下了伟大的奥运遗产。《奔跑奥林匹克》一书就是这伟大奥运遗产中的一部分。在全世界奥林匹克人的协助下，她通过讲述奥林匹克运动和奥运会的故事，为我们展示了体育的凝聚力。

我感谢为这个工程做出贡献的所有奥林匹克人，我希望他们的经历能够成为一种灵感，激励更多的中国年轻人更加积极地参与体育运动！

INTERNATIONAL
OLYMPIC
COMMITTEE
The President

Foreword for "Run Olympic," a book aimed for Chinese youth

The International Olympic Committee has always had a strong focus on serving the youth of the world. Our founder, Pierre de Coubertin, was committed to the belief that blending sport, education and culture would help young people lead healthier, happier and more fulfilling lives. The Olympians who have contributed to this book, and in particular Wu Jingyu, double Olympic champion and EB Member of the Chinese Olympic Committee, know that he was right.

Today, more than a quarter of the 7.3 billion people on earth are under the age of 15. They need the benefits of sport and its values more than ever, but drawing them to sport has become much more challenging in our digital world. Sport has many competitors for the attention and interest of young people. Too many of them do not get enough physical activity.

That is why appealing to young people is one of the primary objectives of Olympic Agenda 2020, the strategic roadmap for the future of the Olympic Movement that the IOC unanimously approved in December 2014. The 40 reforms of Olympic Agenda 2020 fall under three broad categories: youth, credibility and sustainability.

The IOC is developing many ways to reach out to young people, including the creation of a new Olympic Channel to share Olympic sports and Olympic values with a global audience 24/7, year-round on multiple channels, including mobile devices. Experience shows that young people who are exposed to sports and athlete role models are much more likely to engage in sport themselves.

The Olympic Games Beijing 2008 attracted the world's attention and inspired young people across China and in other countries to try new sports and become more active. The Opening Ceremony drew a global audience of more than 1.5 billion people — more than any other single televised event in history, including the first moon landing.

INTERNATIONAL
OLYMPIC
COMMITTEE

The President

The 2008 Games delivered a great legacy for China just like the Youth Olympic Games in Nanjing, in 2014. This book, "Run Olympic," is part of that legacy. By telling the story of the Olympic Movement and the Olympic Games with the help of Olympians from around the world, it demonstrates the unifying power of sport.

I thank all of the Olympians who have contributed to this project. I hope their experiences will serve as an inspiration for even more young people in China to become more active.

侯 琨 的话

2012年底，当我完成了“2012侯琨奥林匹克环球行”之后，撰写一本奥林匹克书籍的想法便一直在我的脑海中浮现。但是从何角度写起才能让更多的人通过此书关注奥林匹克文化，便成为摆在我面前的首要问题。正当我和爱人一道积极准备各种素材的时候，一个令人振奋的喜讯传遍全国！2013年11月3日，中国奥委会正式致函国际奥委会，提名北京市为2022年冬季奥林匹克运动会（以下简称“冬奥会”）申办城市。这是北京成功举办2008年夏季奥林匹克运动会（以下简称“奥运会”）以后，中国又一次向世界展示决心和传递梦想！如若申办成功，这不但是冬奥会近百年来首次在当今世界上人口最多的国家举办，也会使北京成为世界上第一个同时举办过夏季、冬季奥运会的城市。近一段时期来，我们可以清晰地感觉到，冬季运动已在我国迅速普及。随之而来的除了参与冬季运动项目的公众人数增多、冬季运动水平显著提高外，对于冬季运动文化领域的关注，也会显著提升！

与奥运会相同，冬奥会文化同样源于西方。虽然我国开展冬季运动的历史已十分悠久，但我国与冬奥会正式“结缘”是从1980年普莱西德湖冬奥会开始的。因此，我们就更需要加速学习和了解冬奥会的方

方面面，以便能够在文化领域更好地支持北京、张家口申办2022年冬奥会。作为冬季运动文化的重要组成部分，冬季运动相关收藏品成为反映冬季运动历程的见证物。而这其中，冬奥会收藏品则是讲述历届冬奥会文化传承的最好载体。

为了能够让人们特别是青少年更多地了解冬奥会和夏奥会情况，感受到奥林匹克文明的形成，我们选择以收藏品作为载体，以冬奥会、夏奥会的时间发展作为脉络，配以我们的亲身经历，简要地介绍历届冬奥会、夏奥会的概况。同时，将我们夫妇两人与奥林匹克的“奇缘”与大家分享。最终，这本与收藏品结合介绍奥林匹克运动的《奔跑奥林匹克》书籍呈现在大家面前。

感谢来自世界各国的顾问们在专业方面给予我们的支持，感谢李祥、刘树彬先生多年来给予我的帮助，更要感谢我的爱人吴静钰和我的家人们。

奥林匹克主义是一种信仰，引领着我们为建立一个和平而美好的世界作出努力！

吴 静钰 的话

作为一名两次参加奥运会并有幸夺冠的运动员，我深知奥林匹克这四个字的重要意义。从十几岁开始练习跆拳道起，能够参加奥运会便成为我的最大梦想，可以说，正是奥林匹克精神和“更快、更高、更强”的口号鼓舞着我。2008 年北京奥运会和 2012 年伦敦奥运会让我有机会与世界各国运动员相识、相知，让我更加深刻地体会到奥林匹克文化在世界各国民众心中的地位。近两年与国际奥委会委员、我国首枚冬奥会金牌得主杨扬姐的交流与学习，也使我懂得更好地推广奥林匹克文化、传播奥林匹克精神，是我作为奥运冠军义不容辞的责任。

还记得每次参加奥运会期间，都会在奥运村内外看到运动员、教练员和一些徽章收藏爱好者们热火朝天交换的场景；特许商品专卖店中的购买人群更是摩肩接踵；就连运动员自己也将吉祥物、徽章和门票等认真地珍藏起来留作纪念……这些使我对奥林匹克收藏品有了初步的“概念”。直到遇到了我的丈夫侯琨，他带我进入了一个真正奥林匹克历史的“海洋”，而承载我们的“帆船”就是那些珍贵而意义非凡的收藏品。

受到耳濡目染，我现在也对奥林匹克收藏有了一定的了解，并且产生了浓厚的兴趣。因为我发现这一件件的藏品不但是一段历史的见证物，更是不同文化、不同国家对奥林匹克文明的传承和尊重。现在，北京和张家口正在积极准备申办 2022 年冬奥会。明年，2016 年里约夏季奥运会又将举行。这两大事件都会给奥林匹克文化在中国乃至世界的推广产生重大影响。为此，我们两人一道，完成了《奔跑奥林匹克》这本书，希望可以给大家呈现一个多姿多彩的奥林匹克，让更多的青少年关注奥林匹克。

在此要感谢我的冠军好友们，感谢你们参与到此书中来。感谢王军老师为本书撰写提出的宝贵意见。更要感谢国家多年来对我的培养，让我有机会站在奥林匹克世界舞台之上。

奥林匹克让世界更美好！

目　录

你好　奥林匹克

夏季奥林匹克运动会纵览

附录二

古代奥运会

“奥林匹克”一词来源于希腊的地名奥林匹亚，奥林匹亚是位于希腊首都雅典西南部约 300 公里的一个景色优美的小山村。它曾是古希腊的宗教圣地，有瑰丽的宙斯庙和雄伟的体育竞技场，闻名全球的古代奥运会就诞生于此。根据文献记载，古代奥运会始于公元前 776 年，止于公元 394 年，共举办过 293 届。由于在古代奥运会举办期间，所有的战事均要停止，所以它也一直被人们视为友谊、和平和进步的象征。

国际奥林匹克委员会

国际奥林匹克委员会(International Olympic Committee)，简称国际奥委会（IOC），是奥林匹克运动的领导机构，是不以营利为目的、具有法律地位和永久继承权的法人团体。它于 1894 年 6 月 23 日在巴黎召开的国际体育代表大会上成立，发起人是法国教育家和历史学家、被称为“现代奥林匹克之父”的皮埃尔·德·顾拜旦男爵。1894 年成立后，总部先设在巴黎。1914 年第一次世界大战爆发，为了避免战火的洗劫，1915 年 4 月 10 日总部迁入瑞士洛桑。一百多年来，国际奥委会为促进奥林匹克运动在全世界的发展做出了巨大贡献，也为全人类的和平、友谊和进步发挥了巨大作用。国际奥委会实行委员制，满额委员数 115 人。

国际奥委会历任主席

- 第一任主席，希腊人泽·维凯拉斯（Demetrius Vikelas），1894 年至 1896 年在任。

- 第二任主席，法国人皮埃尔·顾拜旦（Pierre de Coubertin），1896 年至 1925 年在任。

- 第三任主席，比利时人亨·德·巴耶–拉图尔（Henri de Baillet–Latour），1925 年至 1942 年在任。

- 第四任主席，瑞典人西·埃德斯特隆（Sigfrid Edstroem），1942 年至 1952 年在任。

- 第五任主席，美国人艾弗里·布伦戴奇（Avery Brundage），1952 年至 1972 年在任。

- 第六任主席，爱尔兰人迈克尔·莫里斯·基拉宁（Michael Morris Killanin），1972 年至 1980 年在任。

- 第七任主席，西班牙人胡安·安东尼奥·萨马兰奇（Juan Antonio Samaranch），1980 年至 2001 年在任。

- 第八任主席，比利时人雅克·罗格（Count Jacques Rogge），2001 年至 2013 年在任。

- 第九任主席，德国人托马斯·巴赫（Thomas Bach），2013 年 9 月至今。

2012 年，侯琨和时任国际奥委会主席罗格先生在奥林匹亚

侯琨与国际奥委会主席巴赫博士

奥林匹克收藏与奥林匹克文化
Olympic Collectibles and Olympic Culture

David Maiden

Olympic collectibles are part of Olympic culture; they contribute to it in practical ways and they provide tangible evidence of Olympic history.

Olympic collectibles include:

(a) Items which have been used operationally in or in relation to an Olympic Games. Obvious examples are torches and medals , but people also collect documents, clothing, sporting equipment, flags, badges , posters etc.

(b) Items which have been licensed and produced to commemorate an Olympic Games rather than for practical use as part of the Games e.g. postage stamps, coins and banknotes, pins, medallions, postcards, crockery, publications etc.

Collectibles contribute to Olympic culture in a variety of ways.

Items such as postage stamps, coins and pins increase

awareness of the Games and the principles of Olympism among the general public. Each stamp, coin or pin carries information about the Olympic Movement and thus increases knowledge and understanding of Olympism in a simple and effective manner. This information can range from a reinforcement of the "look of the Games" through the design of items, to factual information about athletes, events or places.

Collectibles such as these, which are targeted at the general public are also a means of giving the public a greater sense of involvement in the Games. For example, people who collect the stamps, coins or pins are actively involved even if they cannot actually attend an event.

Pins contribute to Olympic culture by providing a means or platform by which people from different backgrounds or nations can meet and develop friendship through the simple act of swapping pins, in the same way that sport breaks down barriers and encourage communication.

Sales of licensed collectibles also contribute to the costs of conducting the Games through the license fees paid. The first modern Games in Athens in 1896 were able to proceed largely through revenue raised from the sale of postage stamps.

Both operationally used and licensed collectibles provide tangible artifacts which record Olympic history and culture. Without history, there is no culture and the history of the Olympic movement lies not only in the records of sporting events, but also in the physical items which were part of the Games, for athletes, officials and the public alike.

Collecting Olympic items and displaying them helps bring the Olympic spirit alive; makes it a tangible reality for the wider public who have not attended or participated in an Olympic Games.

The International Olympic Committee recognises the link between collectibles and culture. The Olympic Museum, in Lausanne, Switzerland is the centrepiece of the IOC's heritage programme. The IOC also supports and co-ordinates the Olympic Museum Network, an association of Olympic Museums around the world.

The IOC obtains advice on issues affecting collectibles from one of the Commissions established to provide expert advice on a range of subjects. The IOC Philately, Numismatics and Memorabilia Commission is comprised of IOC members with an interest in the field and external experts in the three technical areas of collecting. The Commission is currently chaired by IOC member Mr C.K Wu.

The Commission is a means through which the collecting community and the IOC can communicate with each other in the interests of developing Olympic culture through Olympic collecting. In recent years the type of subjects considered by the Commission has ranged from the establishment of an international association of collecting clubs, to development of a programme of international collector fairs, to measures to counter forgeries.

（作者系本书顾问之一，国际奥委会收藏委员会委员。）

2012 年侯琨与本书顾问之一大卫·曼登先生在其墨尔本家中

关于洛桑与国际奥委会

Lausanne and International Olympic Committee

Jean-louis Emmenegger

All Olympic collectors around the world know that the IOC Headquarters is located in Lausanne, Switzerland, Europe. Some of them might know that this is since 1915: these are 100 years by 2015! Let us have a look at this important chapter of the history of the world Olympic Movement.

The IOC was founded as a new organization devoted to promoting the sport on an international basis on 23 June 1894 in Paris, France. The huge work accomplished to organize the 1st Olympic Congress at Sorbonne in Paris from 16 to 23 June and to invite the delegates of 13 countries (and 49 sports clubs) was done by a single man: French baron -pierre de Coubertin (1863-1937). He was strongly convinced that sports could bring peace among the countries. Having created the IOC, Pierre de Coubertin worked hard to organize the first Olympic Games of the modern time: this occurred in Athens (Greece) in 1896, in the country of the Greek Antique Games.

But, unfortunately, Pierre de Coubertin and the IOC had soon to face quite an important problem: the break-up of the First World War on 28 July 1914. The development of the Olympic movement and the organization of the future Olympic Games were stopped, as many IOC member countries were involved in the war. Pierre de Coubertin thought that the Olympic Movement and its ideal could only survive in the war unless the IOC would move its office out of Paris to another city.

1915: IOC's office moves to Lausanne

Pierre de Coubertin loved Switzerland and especially the Lake Geneva (lac Léman in french) region, which goes from Geneva to Montreux, through the city of Lausanne. He went often to Switzerland, also to meet his good Swiss friend Godefroy de Blonay. An idea made its way in Coubertin's mind: to establish the IOC office in a neutral state. He thought that Switzerland was the right country, geographically in the center of Europe and, above all, a neutral country. The contacts with the Swiss federal government in Bern as well as with the Municipality of Lausanne convinced Pierre de Coubertin that the IOC office should be established in Lausanne. The official documents were signed on 10 April 1915. The City of Lausanne offered to the IOC an office in the "Casino de Montbenon" (from 1919 to 1922): this was the first IOC office in Lausanne. The IOC moved then to a second house, the "Villa Mon-Repos" (from 1922 to 1968).

1969: the Château de Vidy

The Peace Treaty was signed in 1919 in Versailles (Paris) putting an end to the WWI, Pierre de Coubertin and the IOC were able to continue their passionate work: the Olympic Games of Anvers/Antwerpen (Belgium) took place in 1920. And all four years, new Olympic Games were organized: Paris in 1924, Amsterdam in 1928, Los Angeles in 1932, etc. And: Olympic winter Games were also organized in 1924 (Chamonix, but not with the name of Olympic Games), in 1928 (St-Moritz, Switzerland), in 1932 (Lake Placid, USA), etc.

The IOC movement grew quickly and its administrative work as well. In 1968, the City of Lausanne offered the nice "Château de Vidy" on the Lac Lémanborder to host IOC's official headquarters. Late IOC President Juan Antonio Samaranch had his office there for many decades, and IOC President Thomas Bach has now his office in it as well. In 1986, a new modern administrative building "La MaisonOlympique" (The Olympic House) was built just aside the Château de Vidy. A few months ago, Thomas Bach, acting IOC President, announced the project of building a new building "La Maison de l'UnitéOlympique" (The House of the Olympic Unity) on the same estate: the idea is to move the entire IOC administrative personnel (450 employees), spreading in 4 places in Lausanne, in a single place, in order to push ahead the efficiency of the IOC. The inauguration of this brand new modern IOC office is planned in 2018-2019.

On 10 April 2015, IOC President Thomas Bach inaugurated the special exhibition “100 years IOC in Lausanne” on ship L’Helvétie, just in front of the Olympic Museum. Another special exhibition is also to be seen in various places in the city of Lausanne.

（作者系瑞士洛桑人，奥林匹克集邮及国际奥委会相关研究专家。）

侯琨与本文作者在洛桑奥林匹克博物馆

你好　奥林匹克

2012 年，当侯琨和吴静钰相遇的时候，奥林匹克已经是他们各自人生中不可分割的一部分。现在，两个有着共同理想的年轻人，为了奥林匹克文明的传承和发扬走到了一起。我们有理由相信，未来的奥林匹克故事会更加精彩。

洛桑国际奥委会总部门前著名雕塑

结缘奥林匹克

大学时期的侯琨

2012 年伦敦奥运会留影

1984 年被大家称为中国奥林匹克的金牌元年，因为在这一年举行的第 23 届洛杉矶奥运会上，许海峰为新中国代表团获得了奥运会历史上的第一枚金牌。也正是在这一年，侯琨很幸运地来到了这个世界。可能是因为他在这一年出生，也可能是他与中国奥运先驱张伯苓先生是同一天生人，总之，侯琨的人生也许注定要和奥林匹克结缘！

2007 年 6 月，第 13 届世界奥林匹克收藏博览会（简称“奥博会”）在北京德胜门展览馆举行，来自全世界十几个国家和地区的奥林匹克收藏家们带着自己心爱的收藏品齐聚北京。当时正值大学毕业，抱着新奇的心态，侯琨成为了本次奥博会的一名参与者，做起了翻译工作。为期四天的奥博会让

2012 年侯琨与最高女祭司在奥林匹亚

他大开眼界！历届奥运会的邮票、火炬、奖牌、徽章、资料，甚至带五环标志的茶杯和鼠标垫都可以作为藏品来进行交换和出售。好多早期的奥运会纪念章设计和造型极其精美，海报图案更是充满了强烈的视觉冲击力……这一切的一切都深深打动了他。侯琨的第一件奥林匹克藏品就是在这次奥博会上获得的——一枚 1900 年巴黎奥运会铜镀银裁判佩章！虽然那时的他并不是很懂这些，但觉得这枚佩章制作精美，有百年历史，而且 1200 元的价格也能承受，于是果断拿下。此次参与的经历还让侯琨有了另外一样重大收获——结识了引领自己“入门”的老师，意大利收藏家多米尼克先生。多米尼克钟情奥林匹克收藏已经 50 多年，可以说在这个领域是意大利的“第一人”。幸好侯琨是外语专业出身，沟通比较顺畅，奥博会结束后，他们一直保持着联系。多米尼克为他介绍藏友，给他发藏品图片，教他如何鉴赏，侯琨后来出国时也专程去拜访过多米尼克。正是在多米尼克的带领下，侯琨走进了这个收藏群体，并且拓宽了视野。

侯琨向时任国际奥委会收藏委员会主席海博格先生介绍奥林匹克收藏在中国的推广情况

也正是因为这个经历，奥林匹克彻底地改变了侯琨的人生轨迹。由于狂热的爱好，在北京一家金融公司总部人力资源岗位上工作三年之后，侯琨下决心辞职自主创业，与朋友们共同成立了专业进行奥林匹克文化推广的公司。直到现在，很多人还问侯琨为什么当时要放弃那么稳定且收入不错的工作转而创业？他的回答说就是因为太狂热的喜爱，导致他白天上班，晚上回家通过网络和国外的朋友们交流，倒时差，伤不起，所以只能辞职。

创业的道路是艰辛的，也许这种艰辛是侯琨所始料未及的。自 2008 年北京奥运会结束后，国人对奥运的热情开始慢慢退去，特别是 2010 年和 2011 年上半年，表现得尤为突出。虽然刚开始的几个项目进展还算顺利，但是盈利预期却与大家计划的相差很远，各种工作陷入了被动的局面，股东们也开始了对是否要继续下去的争论。但是对奥林匹克的热爱和执着的信念，还是让侯琨在最困难的时候站稳了脚。随着 2012 年伦敦奥运会的临近，公司各方面工作开始有了起色。办展览、组织讲座、拍卖会等活动的不断举

侯琨为著名体育营销家迈克尔·佩恩和李宁先生介绍奥林匹克收藏品

2012 年侯琨在国际奥委会总部门前留影

行，让公司在国际、国内圈中都小有名气。为了获得第一手资料，同时也希望通过自己的行动来支持伦敦奥运会，2012 年初，侯琨开始了一个惊人的行动——“2012 年侯琨奥林匹克环球行”！一年时间里，他走遍了四大洲几乎所有的夏季奥运会举办城市，宣传奥林匹克文化，支持伦敦奥运会，受到了国际奥委会领导和各国奥委会官员的一致赞扬。奥林匹克是全人类的杰作，是促进全世界人民交流、和平、友谊的载体。通过这一年的旅行，侯琨更加坚定了对奥林匹克的信仰和追求。

2012 年 8 月底，侯琨接到了南京青奥会组委会的邀请，希望他在 9 月 9 号的第二届南京青奥会文化节开幕式上进行一个小的奥林匹克主题展览，向青少年宣传奥林匹克文化……

2008 年吴静钰北京奥运会夺冠领奖照片

荣耀奥林匹克

2013 年吴静钰到访国际奥委会总部，助力南京青奥会

2008 年 8 月 20 日，北京奥运会跆拳道女子 49 公斤以下级别的决赛现场，在全场观众排山倒海似的加油助威声中，吴静钰战胜了对手，终于站上了梦寐以求的奥运会最高领奖台，实现了职业生涯的第一个巅峰。这一年，她刚满 21 岁。

1987 年 7 月 13 日，吴静钰出生在“千年瓷都”江西省景德镇市吕蒙乡一个普通的家庭，家中排行最小，所以父母也爱用“小

吴静钰在省队时来北京留影

拍摄电影《跆拳道》时的吴静钰

小”的小名称呼她。可能是从出生这天开始，吴静钰便与奥林匹克结下了不解之缘。2001 年 7 月 13 日，北京申办 2008 年奥运会成功，这也给了她日后在家门口夺冠的机会。2014 年 7 月 13 号，她和自己的爱人、同样是奥林匹克人的侯琨登记结婚。从小吴静钰就是一个爱动的孩子，因为一直是奶奶照顾她，所以经常跟着奶奶到山上采果子、挖野菜。上小学开始便每天跑步往返近一个半小时于家和学校之间，锻炼了一副好体格。12 岁那年，因为在学校里以跑得快出名，便被启蒙教练选中进入了景德镇市体校学习跆拳道。虽然一开始并不知道跆拳道为何物，但凭着自己的理解力和不怕苦的精神，练习仅 2 个月吴静钰就获得了全省青少年比赛的冠军，一战成名。经过自己不懈的努力，吴静钰进入了江西省跆拳道队，后又转入江苏省跆拳道队。也许是命中注定，2003 年，因为眼中的一股杀气，她被知名导演麦丽丝选中，参演了电影《跆拳道》。故事讲述奥运冠军刘立和杨卉一对好朋友是怎样从跆拳道爱好者，经过艰苦的训练和努力最终成为为国争光的跆拳道奥运冠军

吴静钰第一次夺得国际比赛冠军（中间者为苏州体育局局长鲍东东）

的故事，而吴静钰就饰演少年刘立！训练是艰苦和枯燥的，但吴静钰却把这看成是自己对家庭的责任，是自己的一种追求。2004 年吴静钰获得了世界青少年跆拳道女子 49 公斤以下级冠军后，一个属于她的时代开始了——世界大学生运动会冠军、亚运会冠军、世锦赛冠军，直到 2008 年北京奥运会夺冠，成就了她的“大满贯”。然而，北京奥运会之后的两年，吴静钰却陷入了职业生涯的低潮，纠结甚至动摇始终萦绕在她的心头。客观地讲，成名后自然会成为对手们竞相研究的对象，单靠强大的身体机能拼对手已经不是那么容易。主观上，成名后被扑面而来的宠爱和关怀所围绕，鲜花、掌声、荣誉……这一切都让她产生了惰性。之前这 10 年练得太苦，现在就想自己舒服一点，但再想拿冠军变得好困难。

直到 2010 年在北京科技大学体育馆举行的首届世界武道大会，作为开幕式宣誓运动员的吴静钰败在了老对手西班牙人布里吉特脚下，而这里却是她 2008 年北京奥运会夺冠的地方。虽然依然站在领奖台上看国旗升起，可

吴静钰 2012 年伦敦奥运会决赛瞬间

是却不再有国歌奏响，国旗也挂在了下面的位置……吴静钰的心第一次受到了巨大的冲击！作为一名奥运冠军、一名奥林匹克精神的追求者，这就是自己应该有的表现吗？她要重新站起来，向着“更快、更高、更强”迈进。从那一刻开始，吴静钰告诫自己要忘记名利、摒弃干扰，自己不是奥运冠军，不是明星，自己是一名跆拳道运动员！吴静钰不再在意别人说她的好与不好，开始虚心接受批评和建议。她知道，只要自己能够做到每天提高一点点，那么就没有自己克服不了的难关。吴静钰开始懂得自己内心真正追求的东西是什么，是能够从事跆拳道运动，是能够参加奥运会，没有比这更能够体现她的价值、更重要的事情了。经过一年的拼搏，吴静钰成功获得了自己的第二个世锦赛冠军。当再次站上世锦赛冠军领奖台的一刹那，她发现自己好像又找回了从前的吴静钰，自己更加成熟了。

伦敦时间2012年8月8日，恰好是北京奥运会开幕式的日子，吴静钰又一次站在了跆拳道女子49公斤以下级别的决赛场上，对手就是布里吉特。这一次，她没有犹豫，出其不意地以轰炸机式的进攻完胜对手。那一刻，泪水从她的眼中夺眶而出，身披五星红旗，望着场馆内大大的五环标志，吴静钰明白了，奥林匹克是一个奋斗的舞台，它可以把你所有的信念和意志都表现出来，自己的一生都不会再与奥林匹克分开！

2012年9月初，正在赛后休假的吴静钰接到了南京青奥会组委会的邀请，出席9月9号在南京举行的第二届南京青奥会文化节开幕式，担任揭幕嘉宾……

至爱奥林匹克

也许，奥林匹克真的具有一种神奇的魔力，不但能够将全世界的人们吸引到一起，更能促成一段美好的姻缘。2012 年 9 月 8 日，伦敦奥运会夺冠后正处于休假期的吴静钰和父母一行来到南京，准备参加第二天将举行的第二届南京青奥会文化节开幕式活动。而侯琨也受邀在本次文化节开幕式上进行奥林匹克珍藏品展览，宣传奥林匹克文化，他们俩因此在 9 月 8 日的晚餐坐在了一起，第一次见面并交流。因为之前侯琨曾在自己的微博上写道将在南京与吴静钰见面并且 @ 了她，所以他们见面以后的第一句话是吴静钰说："我知道你，我在微博上看到你了！"那天晚上，他们谈得还算不错，吴静钰在侯琨的"2012 年侯琨奥林匹克环球行"长卷上签名并和他一起拿着第二天展览要用的火炬合影。而侯琨也将其精心准备的一个镶有玉兔图案的 1988 年汉城奥运会纪念漆器首饰盒作为礼物送给了吴静钰。9 月 9 号开幕式上，虽然两人没有再进行交流，但是侯琨从吴静钰妈妈那里得到了她的电话号码，也给她发出了第一条短信，一段奥林匹克奇缘就此开始。

自见面后，两人分别投入各自的工作中去，偶尔发发微信。那段时间，侯琨会经常给吴静钰发各种景色和花草的照片，和她分享每天的感受，还特意在海边为她录视频唱歌。虽然吴静钰心里不是很清楚为什么这个男生要对自己这样，不过她感到很温暖，并且欣然接受了。10 月中旬，侯琨从加拿大回到北京，稍作调整的他便赶到了苏州与吴静钰相见！那一天，他们聊了很多，关于奥运会、关于奥林匹克文化、关于旅游、关于人生……

2014 年南京青奥会期间两人到访青奥之家

一起吃饭、逛街、唱歌和看电影……两人开始有了感觉。于是，第二天，他们就在一起了！其实，就在侯琨来苏州看吴静钰的前一天，吴静钰还特意去求菩萨能够给自己一个好的姻缘，没想到第二天，侯琨就来了。所以，也许侯琨就是吴静钰求来守护自己的那个人。真正感动吴静钰的是侯琨的细心，无微不至的呵护让她感受到了什么是爱。

就这样，两个以不同方式对奥林匹克着迷的人走在了一起，他们决心一起努力，去打造属于两人自己的奥林匹克之梦。侯琨是从历史文化角度推广奥林匹克，而吴静钰则是从体育竞技角度践行奥林匹克，两人“一文一武”，正好组成了奥林匹克运动最重要的两个部分。从这以后，他们相互配合，但凡是侯琨组织的关于奥林匹克的展览或推广活动，只要吴静钰没有训练和比赛任务，都积极参与其中并亲力亲为；而侯琨也经常会给她讲述关于奥林匹克历史和发展的故事，还经常向她介绍各式各样奥林匹克收藏品。他们一起经历了包括全运会、亚青会、亚运会、青奥会等在内的近 10 场大大小小的赛事，不论吴静钰是否有比赛任务，他们两人都身体力行，传播奥林匹克精神的行动一直未有停顿。在侯琨的影响下，吴静钰也对奥林匹克文化产生了浓厚的兴趣，先后被国家体育总局体育文化发展中心推荐成为首位“中国体育文化推广使者”、国际奥委会任命的全球

2013 年侯琨传递辽宁全运会火炬

2014 年南京青奥会期间的吴静钰

侯琨、吴静钰一起传递南京青奥会圣火

37 位“榜样运动员”之一。在推广的同时，他们两人还积极投身公益事业，不但亲身参加各种体育公益活动，还一起为包括中国体育博物馆、洛桑奥林匹克博物馆、南京奥林匹克博物馆、临淄足球博物馆等国内外多家博物馆捐赠了大量的体育收藏品。

2014 年 5 月 25 日，两人举行了以“至爱奥林匹克”为主题的婚礼，这也成为我国体育史上最具奥林匹克特色的婚礼之一。婚礼两天后，吴静钰便返回国家队开始了新的训练。20 天后，吴静钰便夺得了世界跆拳道大奖赛（苏州站）的冠军，正式开始了备战里约奥运会的征程。这一次，吴静钰更加坚定，因为她知道，她不再是一个人在战斗，而是一个家庭在战斗。接下来两人的共同梦想就是能够最终踏上 2016 年里约奥运会的赛场，让奥林匹克精神在遥远的巴西再次闪耀光芒！

2014 年两人与巴赫主席在南京青奥会跆拳道赛场

INTERNATIONAL OLYMPIC COMMITTEE
The President

Mr Hou Kun
Exceptional (Beijing) International
Culture Co., Ltd
Room 2203, 2#, 3 Building,
Linghang International Center
Nanxiaojie Guangqumen
Dongcheng District
100061 Beijing
République populaire de Chine

Lausanne, 26 May 2014
Ref. No. THB/qcw
By e-mail only

Dear Mr Hou,

Thank you for your email of 21 May and the delightful pictures enclosed. Please accept my warmest congratulations as newlyweds.

Wishing you much happiness, health and prosperity, I remain,

Yours sincerely,

巴赫主席致信祝贺新婚

巴赫主席赠吴静钰题词签名照

夏季奥林匹克运动会纵览

1896年，当首届现代奥林匹克运动会在希腊雅典举办的时候，可能连“现代奥林匹克之父”顾拜旦先生本人都不会料想到120年后的今天，奥林匹克运动能够成为引起全世界瞩目、吸引全世界青年参与的盛会。2008年北京奥运会的成功举办，更是让所有的中国人对奥林匹克运动有了全新的理解。让我们共同回顾奥林匹克发展的轨迹，探寻其中的奥秘，看看到底是什么让其有如此大的“魔力”！

侯琨在希腊雅典卫城遗迹

1896 年　第一届希腊雅典奥运会

概述：首届现代奥林匹克运动会于 1896 年 4 月 6 日至 15 日在希腊雅典举办。1894 年 6 月经过巴黎国际体育会议协商，历史名城雅典赢得了首届现代奥运会主办权。雅典位于希腊东南部的阿蒂卡半岛西侧，三面环海，气候宜人。这个今日希腊政治、文化、经济的中心，在古希腊时期就是重要竞技场所之一。它特别重视文化教育，强调把智育、德育、体育、美育四者结合起来培育人才，创造了光辉灿烂的雅典文化。闻名世界的古奥运会发源地奥林匹亚，也在离这里约 300 公里的地方。首届奥运会冠军没有金牌，第一名得到一张奖状、一枚银牌和一个橄榄枝花环，第二名得到一张奖状、一枚铜牌和一个橄榄枝花环，第三名只有铜牌。由于本届奥运会举办之前，希腊政府实际上已经无力承担经费，所以主办和修建比赛场地的经费主要来自于

1896 年雅典奥运会银质冠军奖牌

富商的捐赠、销售首套奥林匹克邮票和纪念奖牌的所得。希腊人路易斯获得了马拉松比赛的冠军，捍卫了希腊人的荣誉，成为了本届奥运会的焦点。当年奥运会的主会场——大理石运动场如今几乎维持着原貌，吸引着来自世界各地的游客，2014年第二届南京夏季青年奥林匹克运动会的火种采集也是在这里举行的。如今，“奥林匹克运动发源地”与“神话故事”成为了希腊的两张城市名片。

1896 年雅典奥运会铜质参与奖章

1896 年雅典奥运会纪念邮票(世界上首套奥运会邮票)

1896 年奥运会主会场——雅典大理石体育场

因奥运而相识，因相识而相爱，因相爱而幸福。祝福侯琨、吴静钰夫妇美满姻缘！

——许海峰

1984 年洛杉矶奥运会射击冠军、中国首位奥运会冠军

1900 年巴黎奥运会参与奖章

1900 年　第二届法国巴黎奥运会

概述：1900 年巴黎奥运会是历史上第二届奥运会。由于本届奥运会恰巧与世界博览会同期举行，因此也变成了世界博览会中的一部分。本届奥运会于 5 月 20 日至 10 月 28 日进行，比赛日程安排得很不紧凑，如击剑赛安排在 6 月，田径、体操赛在 7 月，游泳、赛艇在 8 月，自行车赛在 9 月等，整个运动会开了 5 个多月，堪称是一次“马拉松”式的运动会。比赛场地也很分散，大会组织者竟别出心裁，将比赛项目按世博会工业类别分在 16 个区域进行。本次赛会可以说是让现代奥林匹克发起人顾拜旦先生倍感失望，尽管其已经竭尽全力去筹办，但依然没有引起政府的兴趣。

值得一提的是，女性首次参与到奥运会中来。由于巴黎两次举办奥运会的时间距今都已较为久远，因此市区内已基本无法寻觅到当年奥运会的痕迹，仅有当年两次举办时的主体育场依然还可以找到。但高耸的埃菲尔铁塔和雄伟的凯旋门作为两次盛会的见证物还是让全世界的游人流连忘返。

侯琨到访巴黎

1900 年巴黎奥运会奖牌

1900 年巴黎奥运会（世博）门票

1904 年　第三届美国圣路易斯奥运会

1904 年圣路易斯奥运会田径金牌

1904 年圣路易斯奥运会参与奖章

概述：第三届奥运会即 1904 年圣路易斯奥运会。令人遗憾的是，本届奥运会重复了上届运动会的所有错误，比赛时间从 1904 年 7 月 1 日持续至 11 月 23 日，耗时近 5 个月，是奥运史上又一次旷日持久的运动会。在开、闭幕式上美国总统罗斯福和国际奥委会主席顾拜旦因故未参加，二者同时缺席也是奥运会历史上唯一的一次，这对奥运会的气氛产生了一定的影响。参赛国家仅有 12 个，是奥运会参赛国家和地区最少的一届，在本届奥运会上共产生 277 枚奖牌。

1904 年圣路易斯奥运会（世博）花瓣形瓷器

1908 年 第四届英国伦敦奥运会

概述：第四届奥运会于 1908 年 4 月 27 日在英国伦敦开幕，有 22 个国家的 2008 名运动员报名参加了本届奥运会，其中芬兰、土耳其、新西兰是首次参加奥运会。1906 年，原定举办第四届奥运会的罗马向国际奥委会提出申请，因意大利政府财政困难，无力兴建体育场馆，宣布放弃主办权。国际奥委会不得不临时与英国政府合作，将奥运会易地在伦敦举办。英国在本届运动会上获得 145 枚奖牌，美国获得 47 枚奖牌，瑞典获得 25 枚奖牌。本届奥运会也是真正意义上第一次向获得前三名的运动员颁发金、银、铜奖牌。自本届奥运会起，伦敦开始了与奥运会的百年“情缘”。

1908 年伦敦奥运会官方徽章一组

1908 年伦敦奥运会参与奖章

1908 年伦敦奥运会金牌

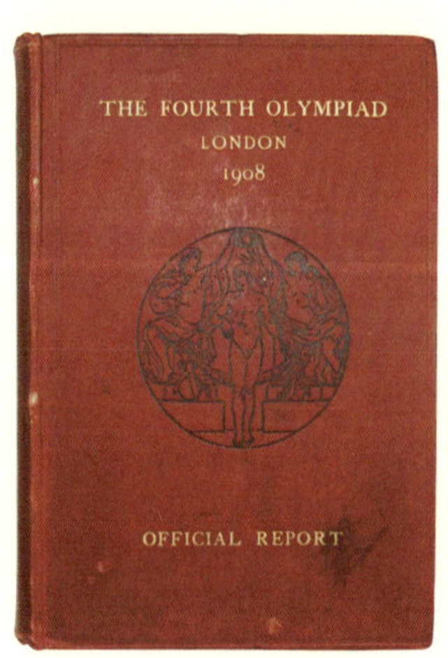

1908 年伦敦奥运会官方总结报告

无与伦比，奥林匹克新体验！

——楼云

1984 年、1988 年两届奥运会体操冠军

1912 年　第五届瑞典斯德哥尔摩奥运会

1912 年斯德哥尔摩奥运会参与奖章

概述：第五届奥运会于 1912 年 5 月 5 日至 7 月 22 日在瑞典首都斯德哥尔摩举行。28 个国家的 2407 名运动员应邀参加，其中女子 48 人。本届奥运会首次举行了艺术比赛，内容有以体育运动和奥运会为题材的建筑、色彩画、雕塑、音乐和文学作品，顾拜旦的名著《体育颂》获金质奖章。大会首次举行了隆重的开幕仪式，并从此形成传统。在闭幕式上，主办方别出心裁举办了特别的发奖仪式。奥运会历史上首款官方宣传海报也在本届奥运会上诞生，并且以 16 种语言文字印刷，中文也被包括其中，这也是中文首次出现在奥运会正式出版物中，具有重要的历史意义和研究价值。斯德哥尔摩不但是北欧名城之一，更是一座风景如画的城市。当年的主体育场如今基本维持着原貌，并且作为一处全民健身的场地向市民免费开放。当我们置身其中，坐在那极具历史感的木质看台座椅上，环顾四周，感觉时光似倒流一般将我们又带回了这场盛会。

1912 年斯德哥尔摩奥运会银质勋章

1912 年斯德哥尔摩奥运会中文海报形宣传邮票

链接：1912 年斯德哥尔摩奥运会中文海报形宣传邮票

从 1900 年在《中西教会报》开始有了巴黎奥运会的报道，到 1932 年刘长春参加了洛杉矶奥运会，期间中国人一直在呼吁和争取参加奥运会。2013 年在我前往挪威参加第 19 届世界奥林匹克收藏博览会期间，偶然得到了一枚极其珍贵的“1912 年斯德哥尔摩奥运会中文海报形宣传邮票”后，很多历史细节引起了我的注意。2014 年在美国游学时间，我查阅了许多资料并详细地阅读了 1912 年奥运会官方总结报告中的内容，又为中国早期参与奥林匹克运动找到了新证据。

1912 年，第五届奥林匹克运动会在瑞典首都斯德哥尔摩举行。为了向全世界宣传本次奥运会和吸引更多的国家参与其中，本届奥运会组委会设计了奥运会历史上第一款海报，并于 1911 年最终确定了这款宽 74.5 厘米、长 107 厘米的彩色官方主题海报。最初，海报共设计了 8 种语言印刷出版，但由于其他各国的要求，最终海报以 16 种语言共印刷出版 88350 份。其中，中文版也位列其中，仅印刷350份，是数量最少的一种！此前，瑞典奥委会主席曾赠送给中国奥委会刘鹏主席一张本届奥运会中文版海报的照片作为礼物。但这款中文海报实际并没有在当时的中国使用，因为当时的清政府认为海报图片“是有伤风化的”而拒绝在国内张贴。与海报对应制作的，还有一类特别的物品，那就是本届奥运会的海报形宣传邮票。该邮票长6厘米，宽4.5厘米，用6种颜色印制，每张带有8个单位的邮资，四周为锯齿状，同样是以16种语言印制。其中，中文版仅印制17300张，也是最为稀少的一种！这不但是中文第一次出现在奥运会官方宣传出版物上，同时也是中文第一次出现在奥运会官方总结报告中，具有重要历史意义。据本届奥运会官方总结报告中记载，此类邮票主要用于瑞典国内和海外邮寄使用。一经推出立刻受到了国内外个人、公司和学校的热捧，广泛地传播开来。海报和邮票的中文内容为“瑞典京城斯托克好而姆举行哇利姆必克万国运动大会定于一千九百十二年六月二十九日为始七月二十二日为止”。从官方报告中的文字介绍以及邮票的中文我们可以读出本届奥组委可能是应当时中国政府要求专门印制的中文版宣传海报和邮票，同时文字中“瑞典京城”四个字也可以看出这是对应当时清政府的“京城”北京所言。所以，可以猜测很有可能是辛亥革命前即将灭亡的晚清政府仍提出过参与本届奥运会的要求。

今天，虽然我们已无法查找到任何史料来考证当时已经摇摇欲坠的清政府是因何原因或是何人下令与瑞典政府联络希望参与本届奥运会的，但综上所述，我们可以推断，在清政府的末期，瑞典政府的确与其沟通过参与本届奥运会的事宜，并且本届奥运会的资料也的确运抵了中国。

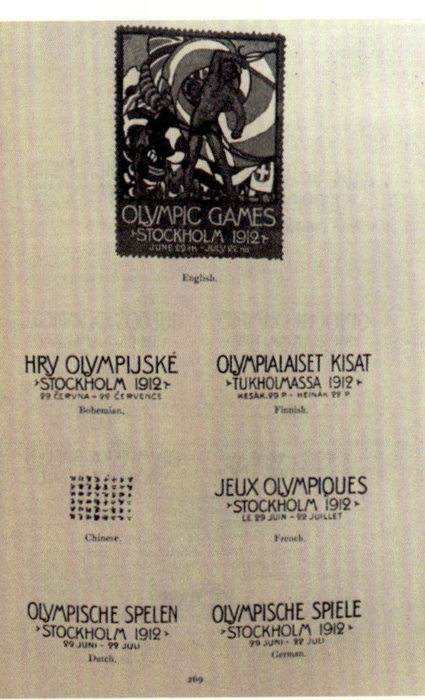

English.

Bohemian. Finnish.

Chinese. French.

Dutch. German.

269

places abroad, especially in hotels and similar public localities, it was categorically forbidden to exhibit it — from moral considerations. This step was taken officially in two special cases, viz., in China, where the Postmaster General forbade the exhibition of the placard as "being offensive to Chinese ideas of decency," and in Holland, where a poster, which happened to be hanging in a railway station at a little town, was confiscated as being "in the highest degree immoral". This decision was afterwards rescinded.

The flags of the following nations were seen on the Poster:

Austria	Japan
Belgium	Luxemburg
China	Norway
Denmark	Portugal
France	Russia
Germany	Spain
Great Britain	Sweden
Greece	Switzerland
Holland	Turkey
Hungary	U. S. A.
Italy	

A reproduction of the poster on a greatly diminished scale, or $4\frac{1}{2}$ cm. × 6 cm., executed in 6 colours, and supplied in perforated sheets, each containing 81 stamps, was employed as an advertising stamp, intended to be placed on postal communications. The first specimen copies of these stamps, which were supplied by the A.-B. Centraltryckeriet, Stockholm, were received in the middle of October, 1911, the edition being printed during the course of the next two months, but a large number of extra copies had afterwards to be printed to supply the further demand. They were issued with the text in the following languages:

		Brought forward	4.539.900
English	2.337.000	Finnish	43.500
German	712.800	Italian	40.900
French	651.300	Bohemian	40.000
Swedish	554.600	Japanese	27.500
Spanish	100.300	Turkish	27.400
Russian	89.000	Greek	25.400
Portuguese	47.700	Hungarian	20.300
Dutch	47.200	Chinese	17.300
Carried forward	4.539.900	Total	4.782.200

The above figures speak very clearly of the immense use that was made of the advertising stamp on postal communications at home and abroad, and of the vastness of the demands that literally flowed in, both from private persons, firms and institutions, in Sweden and abroad. As a example it may be mentioned that, during the course of 8 months, the General Secretariat received about 1,500 *direct* written requests from private persons in Germany to be supplied with the stamp.

For the purpose of being able to issue instructions to the public with regard to the use of this advertising stamp on postal communications in Sweden and elsewhere, the General Secretariat sent a circular to the Swedish Legations and General Consulates abroad, asking for

information respecting the regulations in force in foreign countries with regard to the use of such advertising stamps on postal communications. The answers received, of which a summary is given below, were all in the hands of the General Secretariat by the close of December, 1911.

Countries where the Olympic advertising stamp was allowed to be used on postal communications:

The Argentine,	India,
Austria (not on letters containing valuables),	Italy,
Belgium (with the exception of inland newspaper wrappers),	Japan,
Brazil,	Mexico,
Cuba,	Norway (not on postcards),
Denmark (excepting on postcards and letters containing valuables),	Portugal,
Egypt,	Russia (not on letters containing valuables),
France,	Servia,
Germany (only on the back),	South Africa,
Great Britain (» » » »)	Spain (not on letters containing valuables),
Holland (not on printed matter),	Switzerland (not on postcards),
Hungary,	Turkey (only on the back),
	U. S. A. (» » » »)

The Postal Authorities of all these countries expressed the wish, however, that the stamp should be placed only on the back.

Countries where the use of the advertising stamp was forbidden:

Canada (use of advertising stamps always forbidden),
China ("because the Olympic Advertising Stamp, although very artistically executed, is offensive to Chinese ideas of decency"),
Finland (the prohibition of the use of advertising stamps on postal communications is, it is true, still in force, the delivery of letters, etc., with such stamps attached is, however, generally not hindered).

Distribution of the advertising material.

In order to be able to obtain early information as to the most suitable and the cheapest method of distributing the advertising matter to the various foreign countries ...

1912 年斯德哥尔摩奥运会官方总结报告关于中文海报形宣传邮票的记载

李宁，1984 年洛杉矶奥运会体操冠军、2008 年北京奥运会开幕式主火炬手。

李宁先生为侯琨 2012 年奥林匹克环球行的题词

1920 年 第七届比利时安特卫普奥运会

概述：1920 年安特卫普奥运会即第七届奥运会。为了对第一次世界大战中遭受重创的比利时人民表示尊敬，国际奥委会将承办权交给了比利时安特卫普。大会于 1920 年 4 月 20 日至 9 月 12 日举行。从 1912 年斯德哥尔摩奥运会后，到 1920 年安特卫普奥运会召开前，国际奥林匹克运动发生了许多重大的事情。首先应提到的是 1914 年巴黎奥林匹克代表大会，会议通过了几项主要决议：一、确定了国际奥委会五环旗、会徽；二、规定了法、英、德文为国际奥委会法定语言；三、第一次讨论了国际奥委会与各国家奥委会和各国际单项体育组织的相互关系和协作问题，这对以后奥林匹克运动的发展具有深

1920 年安特卫普奥运会参与奖章

1920 年安特卫普奥运会奖杯

远的历史意义。随后不久，第一次世界大战爆发，战争不仅破坏了正常的和平生活，毁坏了无数乡村城镇，使成千上万的人死于战火，同时也冲击了原定于1916年在柏林举行的第六届奥运会，中断了国际奥林匹克运动的发展。燃烧的战火使巴黎日益受到威胁，因此在1915年，国际奥委会将总部从巴黎迁到了瑞士洛桑。本届奥运会的开幕式上，象征着世界各国和平与友爱的奥林匹克五环旗首次升起，并首次放飞了和平鸽。

1920年安特卫普奥运会官方报告书

1920年安特卫普奥运会奖牌

1924 年　第八届法国巴黎奥运会

1924 年巴黎奥运会参与奖章

概述：本届奥运会使巴黎第二次成为了奥运会的举办城市，来自 44 个国家的 3089 名选手参加了比赛。“更快、更高、更强”的奥运格言在本届盛会上被正式使用。在闭幕式上还升起了三面旗帜——国际奥委会会旗、主办国国旗和下届承办国国旗。1924 年是现代奥林匹克运动复兴 30 周年，几十年来世界体育、奥运会都有了一个飞跃的发展。为了庆祝这个周年纪念，同时为了表彰现代奥林匹克运动的奠基人、不久即将卸任的国际奥委会主席顾拜旦在这方面所作的贡献，选择国际奥委会诞生地巴黎举行第八届奥运会，是众望所归，也符合顾拜旦的心愿。谈到本届奥运会，我们就不能不想起英国传奇人物、400 米冠军获得者埃里克·利迪尔，他的中文名字是李爱锐。同时，他就是电影 *Chariots of Fire*（中文译名《火的战车》）男主角的人物原型。李爱锐 1902 年出生在中国天津，1907 年，他随

侯琨在巴黎凡尔赛宫前

父母回到苏格兰，度过了童年和青少年时代。大学期间他的体育天赋得以充分发挥，被誉为“苏格兰飞人”。1924 年巴黎奥运会上，他以 47 秒 6 的成绩打破了 400 米奥运会纪录和世界纪录，夺得了该项目的金牌。然而在 1925 年，正值其体坛生涯的巅峰时刻，埃里克毅然回到出生地中国天津，任教于天津新学书院。1943 年，埃里克及众多西方侨民被日军押送到山东潍坊集中营。在 3 年的囚禁生活中，他坚持公道、伸张正义、乐于助人、幽默乐观，受到人们的爱戴。不幸的是，关押期间埃里克身染重病，由于集中营里的条件极为恶劣，得不到及时治疗，于 1945 年去世，年仅 43 岁。他不但用实际行动践行着奥林匹克精神，更为中国的反法西斯斗争牺牲了生命，也为中英两国人民的友谊写下了浓重的一笔。

1924 年巴黎奥运会奖牌

1924 年巴黎奥运会官方徽章

输比赢更需要勇气!

——高敏

1988 年、1992 年两届奥运会跳水冠军

1928 年　第九届荷兰阿姆斯特丹奥运会

概　述：1928 年第九届奥运会在荷兰首都阿姆斯特丹举行。荷兰经过三次申办失败后，终于在本届如愿。共有来自 46 个国家的 2883 名运动员参加了比赛，阔别奥运会 16 年的德国也重新回到了赛场。为了举办本届奥运会，东道主新建了一个能容纳 4 万人的运动场，作为这次奥运会开、闭幕式和足球、田径等项目比赛的主体育场。体育场中间是足球场，外侧是周长 400 米的田径跑道。与伦敦白城体育场相似的是，看台和跑道之间设有宽 8 米、

1928 年阿姆斯特丹奥运会黄莱尔丹杯

长 500 米的自行车赛道。直道看台有顶棚，体育场门口有一个纪念碑似的装饰物。另外还建造了一座高塔，在奥运会期间，高塔一直燃烧着熊熊焰火。值得一提的是，来自日本的田径选手织田干雄以 15.21 米的距离获得了三级跳远金牌，这也是亚洲运动员获得的首枚奥运会金牌。中国也首次派出了以宋如海为领队的观摩团参加了本届盛会。阿姆斯特丹是荷兰的首都，也是本

1928 年阿姆斯特丹奥运会参与奖章

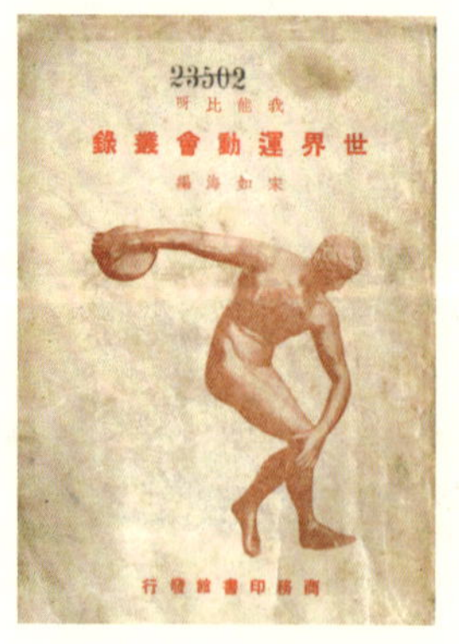

1928 年宋如海编著的《我能比呀：世界运动会丛录》，是中国第一部有关参加奥运会的文献

1928 年阿姆斯特丹奥运会瓷器

侯琨在 1928 年阿姆斯特丹奥运会主体育场

国最大的城市，郁金香、风车、水上游览和红灯区都是它的名片。当我 2012 年到访本届奥运会主体育场时，正巧赶上 2012 年欧洲射箭锦标赛在此举行。体育场整体维持着原貌，很多处墙体上甚至还有当年奥运会的文字和图案。

1932 年　第十届美国洛杉矶奥运会

概述：第十届奥运会于 1932 年 7 月 30 日至 8 月 14 日在美国的洛杉矶举行。我国首次派出了一个 6 人组成的代表团，但运动员仅刘长春一人。大会组委会修建了 1 个有 10.5 万个座位的体育场，另在离市中心 20 公里处盖了一座奥林匹克村，供运动员住宿，这是奥运会史上的创举。鉴于这次经验，国际奥委会在奥林匹克宪章中明确规定，主办国必须修建一座奥林匹克村。本届奥运会期间，国际奥委会对今后各国参加每个单项的运动员人数做出规定。本届奥运会上，三级领奖台的使用加强了观众对获奖运动员的崇拜，也使得运动员们以登上这最高领奖台作为奋斗目标。洛杉矶位于美国西海岸，是全美第二大城市，同时也是全球知名的体育城市。拥有洛杉矶湖人队、快船队（篮球）、银河队（足球）、道奇队（棒球）、国王队（冰球）等数支国际知名体育俱乐部，体育产业极其发达。值得一提的是，由于洛杉矶曾经两度举办奥运会，因此洛杉矶也是全世界拥有奥林匹克收藏爱好者最多的城市，大家定期均会组织各种形式的小聚会和交流等活动。本书的顾问 Bob Bravender 先生和 Ingrid O' Neil 女士均居住在洛杉矶地区。

1932 年洛杉矶奥运会官方秩序册

1932 年洛杉矶奥运会中文官方总结报告

1932 年洛杉矶奥运会刘长春参加比赛场次门票

侯琨在 1932 年洛杉矶奥运会体育场遗迹

1932 年洛杉矶奥运会参与奖章

1936 年　第十一届德国柏林奥运会

概述：1934 年，在国际奥委会雅典会议上决定，恢复部分古奥运会旧制，规定运动会从开幕日期至闭幕式止，在主体育场燃烧奥林匹克圣火。也是自本届奥运会起，点燃奥林匹克火焰是每届奥运会开幕式不可缺少的仪式之一。1936 年引入了火炬接力这一形式，火种必须来自奥林匹亚，采取火炬接力方式从奥林匹亚传至主办国。1936 年奥运会给人留下最好回忆的就是希特勒未能借由奥运会证明他雅利安人种优越的理论。恰恰相反，本届最受欢迎的英雄是赢得 4 枚金牌的非洲后裔、美国短跑和跳远选手杰西·欧文斯。本届奥运会自 8 月 1 日至 16 日举行，共有来自 49 个国家和地区的 3963 名运动员参加了比赛。本届奥运会还制作了首部奥运会官方电影《奥林匹亚》。篮球、独木舟和手球都首次亮相奥运会，与此同时，马球则是最后一次在奥运会中露面。本届奥运会旧中国政府派出了 69 名运动员，参加了田径、游泳、举重、拳击、自行车、篮球和足球 6 个大项的比赛，虽无一人进入前八名，但却让全世界看到了中国运动员的身影。中国代表团的国术表演，更是让全世界观众均拍手称赞。当年进行游泳和跳水比赛的场地，如今已成为柏林市民夏季热衷前往的消暑胜地。

1936 年国际奥委会委员金链

1936 年柏林奥运会官方瓷器

URKUNDE

ÜBER DIE TEILNAHME AN DEM

FACKEL-STAFFEL-LAUF

OLYMPIA-BERLIN

20.VII.-1.VIII.1936.

Kurunczy Lajos

1936 年柏林奥运会火炬及传递证书

侯琨在 1936 年柏林奥运会主体育场前

1936 年柏林奥运会中文官方总结报告

1936 年柏林奥运会运动员签名影册原件及德国出版书籍

链接：1936 年柏林奥运会运动员签名影册

1936 年第十一届奥运会在德国首都柏林举行，中国派出了由 69 名运动员、34 名赴欧考察团以及官员组成的 110 多人代表团参加了此次奥运会，这也是中国第一次正式派代表团参加奥林匹克运动会。本届奥运会期间，为方便各国运动员，组委会在奥运村内设立了一家冲洗照片的服务中心。该服务中心一位有心的工作人员利用参加比赛的运动员、教练员和官员前来取照片的机会，让大家在自己准备的空白影册上签字留念并将一些运动员的照片贴于其签名旁。每一个国家有单独一页，每页的左上角贴有该国的国旗图案，总共有42个国家超过260位运动员在本国所在页面上签字。其中就包括美国田径巨星、本届奥运会的焦点人物杰西·欧文斯，韩国民族英雄、本届奥运会万米金牌获得者孙基祯等。但最为珍贵的是有李惠堂、陈镇和、郭洁、何浩华、李梦华、司徒光、徐北熊、王士林、郝春德、傅金城、牟作云、张造九等18位知名运动员在当时中国代表团那一页上的签字。他们都是当时在国内各个项目上顶级的运动员和全国纪录的保持者。为了让后人了解这本独一无二的签名影册，德国DKB基金会还专门出版了一本名为“AUTOGRAMMBUCHER BERLIN 1936 OLYMPIADE”的德文书籍，详细地介绍了此签名影册，并将每一位签名者的出生年月、比赛项目和成绩统计出来。此签名影册可以说对这40多个奥运会参赛国来讲，都是无与伦比的奥运会宝物。更难能可贵的是，我国唯一健在的参加过1936年柏林奥运会的运动员、今年已104岁高龄的郭洁教授，当年也在此影册上签字。我于2012年2月底到西安郭洁教授的家中看望郭老，时隔76年，当郭老再次拿到此册时，他又在当年他签名的下方签下了“郭洁101岁”的字样，并且为此签名影册在首页上题词“奥运会瑰宝，无与伦比”。郭洁老人看着这本影册，感慨万千。当年能够去参加这次奥运会，可谓经历了种种磨难。从前期的筹措参赛经费到坐船经过漫长的旅程到达柏林，再到只有一位运动员进入到了复赛的比赛……所有的一切虽然已过去那么久，但又浮现在眼前。其实每一件珍贵的收藏品，其背后都有一段故事，而收藏品本身，就是那个故事的最好见证！

2012年侯琨和郭洁教授在其西安家中

找到自我，认识自我，把握自我。

——钱红

1992 年巴塞罗那奥运会游泳冠军

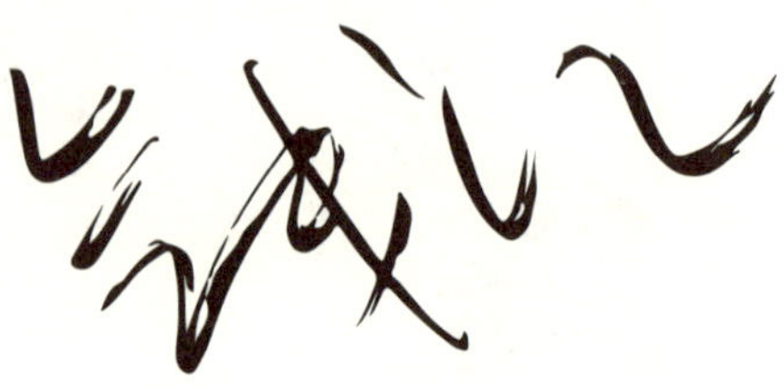

1948 年　第十四届英国伦敦奥运会

概述：本届奥运会于 1948 年 7 月 29 日至 8 月 14 日在英国伦敦举办，这也是二战后全世界首次举行体育盛会。伦敦也成为即巴黎之后，第二个两次举办奥运会的城市。由于刚刚经过战乱，本届奥运会办得较为简单，主办方并没有修建新的赛场，而是尽可能地改建和使用临时的场地。但是为了能够让更多的人忘却战争的伤痛，主办方首次使用了电视转播，即便没有电视机，也可以通过收音机收听到 40 种语言的广播。由于当时我国正处于内战时期，国民政府根本无暇顾及体育事宜，经过王正廷等人的积极努力和协调，最终我国派出了由 34 名运动员组成的代表团分别参加了田径、游泳、自行车、足球和篮球项目的比赛。

1948 年伦敦奥运会传递火炬(带燃烧部)

1948 年伦敦奥运会参与奖章

1948 年伦敦奥运会纪念丝巾

1952 年　第十五届芬兰赫尔辛基奥运会

概述：第十五届奥运会于1952年7月19日至8月3日在芬兰首都赫尔辛基举行。应邀参加本届奥运会的有来自69个国家和地区的4955名运动员，其中女运动员519人。中华人民共和国成立后，原中华全国体育协进会改为中华全国体育总会，并行使中国奥委会的权利。但在本届奥运会之前，中国奥委会未得到国际奥委会的承认。由于得到已与我国建立外交关系的部分国家支持，最终我国在国际奥委会年会上取得了参加本届奥运会的资格，这也是新中国成立后，我国首次参加奥运会。但是由于迟到，新中国代表团一行40人赶到赫尔辛基时，大会已进行了10天，故而只有游泳名将吴传玉参加了男子游泳的一项比赛和最后的闭幕式。本届奥运会的火炬传递总共使用了22把火炬进行，由于其制作精良加之数量稀少，使其成为当今单价

1952 年赫尔辛基奥运会火炬

最昂贵的奥林匹克纪念品，国际价格约 55 万美金。本届奥运会组委会还发行了奥运会历史上的首枚纪念币。芬兰首都赫尔辛基濒临波罗的海，是一座古典美与现代文明融为一体的都市，既体现出欧洲古城的浪漫情调，又充满国际化大都市的韵味。市内因建筑多采用浅色花岗岩建成，也被称为“北方洁白城市”，就连本届奥运会的主体育场建筑也是采用了一样的材质，建筑反映了城市特点。

1952 年赫尔辛基奥运会参与奖章

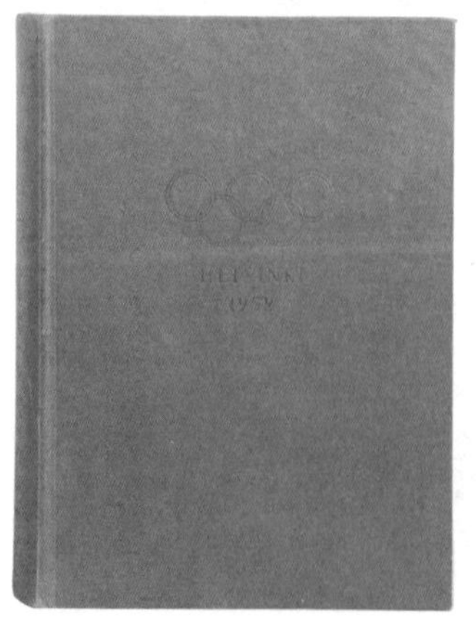

1952 年赫尔辛基奥运会官方总结报告

1952 年赫尔辛基奥运会纪念币

1952 年赫尔辛基奥运会金牌

侯琨在芬兰赫尔辛基奥林匹克博物馆

把对梦想的渴望化成对自己不断的挑战和超越，才能走到胜利的彼岸！

——杨凌

1996 年、2000 年两届奥运会射击冠军

1956 年　第十六届澳大利亚墨尔本奥运会

概述：第十六届奥运会于 1956 年 11 月 22 日至 12 月 8 日在澳大利亚的墨尔本举行，共有来自 72 个国家和地区的 3314 名运动员参赛。1949 年国际奥委会在罗马举行第 44 届全会，投票选择第 16 届奥运会的主办地，最终墨尔本以一票优势险胜布宜诺斯艾利斯，得到了主办权，使得奥林匹克运动会第一次落户大洋洲。而无论是赛前还是赛中，本届墨尔本奥运会始终被各种事端包围着，成为奥运史上麻烦最多的一届奥运会。因牲口入境检疫问题，马术比赛

1956 年墨尔本奥运会参与奖章

1956 年墨尔本奥运会斯德哥尔摩马术比赛参与奖章

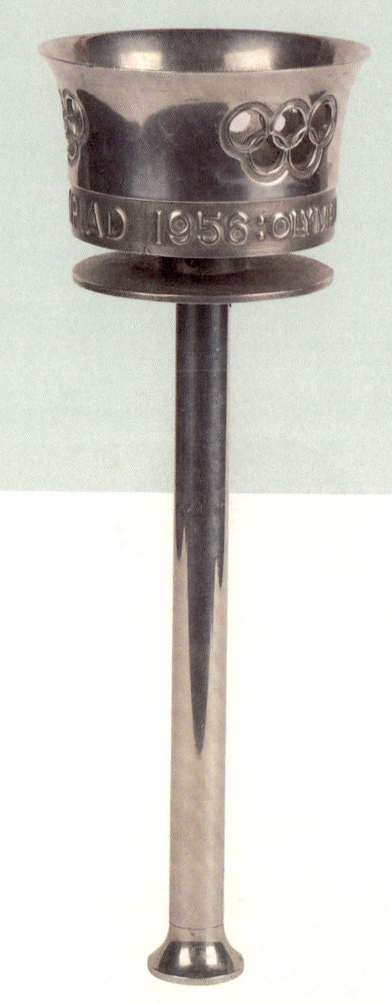

1956 年墨尔本奥运会火炬

改在瑞典斯德哥尔摩举行，这也是奥运史上第一次被分隔在两个大洲举办的奥运会。本届奥运会上，来自美国的女子跳水运动员帕特里克·麦考密克再次卫冕跳台跳水和跳板跳水两枚金牌，成为世界上第一位获得 4 枚跳水金牌的女运动员，被称为“跳水女皇”。墨尔本是澳大利亚第二大城市，也是南半球第一个举办奥运会的城市。一年一度的澳大利亚网球公开赛和 F1 赛车是其著名的比赛项目。

2012 年侯琨与本届奥运会传奇跳水冠军麦考密克女士

1960 年　第十七届意大利罗马奥运会

概述：第十七届夏季奥运会于 1960 年在意大利罗马举行，来自 83 个国家和地区的 5338 名运动员参加了比赛。2600 年前，罗马帝国以征服者的姿态，将古代奥运会从希腊奥林匹亚强行移到罗马举行。但本届在罗马举行的奥运会，其意义是不可同日而语的，它燃起的火焰象征和平与友谊。大会开幕前，罗马奥运会筹委会举行了大规模的火炬接力活动，在奥林匹亚遗址取得火种后，经由海路送到意大利的西西里岛，火炬队途经意大利各地，最后到达罗马。本届奥运会上，来自中华台北队的选手杨传广获得了男子十项全能的银牌，这也是中国运动员在奥运会上首次获得奖牌。

1960 年罗马奥运会开、闭幕式门票

1960 年罗马奥运会火炬

1960 年罗马奥运会参与奖章

侯琨为本书顾问之一、意大利收藏家多米尼克夫妇在意大利家中留影

体育拥有改变世界的力量，奥林匹克是其最大的舞台之一。它激励着全世界一代代的青少年去勇敢追逐各自的梦想，并健康快乐地生活。

——徐莉佳

2012 年伦敦奥运会帆船冠军

1964 年　第十八届日本东京奥运会

概述：第十八届奥运会于 1964 年 10 月 10 日至 24 日在日本东京举行，这也是夏季奥运会首次在亚洲举办。来自 93 个国家和地区的 5151 名运动员参加了比赛。日本政府将此次奥运会的举办看作是二战后改善日本在世界上的形象的一次重要展示，因此十分重视。因为东道主的原因，柔道和排球第一次成为奥运比赛项目。随着日本东京申办 2020 年夏季奥运会的成功，奥运会将在 5 年后再次回到东京。时隔半个多世纪，东京又会给世界展现出怎样的热情和感动呢？让我们拭目以待！

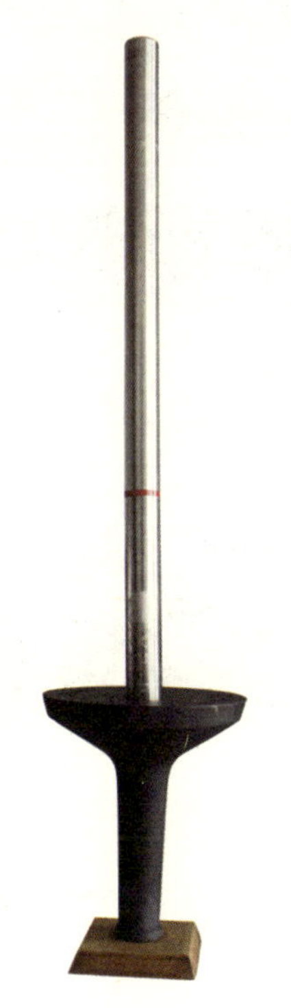

1964 年东京奥运会火炬

1964 年东京奥运会参与奖章

2012 年侯琨到访 1964 年东京奥运会主体育场

1964 年东京奥运会火炬手佩章

1964 年东京奥运会爱马仕限量丝巾

1968 年　第十九届墨西哥墨西哥城奥运会

概述：本届奥运会来到了中美洲的墨西哥城。选择墨西哥城作为本届奥运会的主办城市颇具争议，因为这座城市海拔达 2300 米，空气含氧量要少 30%，高原气候对于参赛运动员是极大的挑战。当会址最后确定下来后，各国立即寻找高原地区进行适应性训练。墨西哥政府对这届奥运会非常重视，用 5360 万美元修建运动场馆及有关设施，用 1 亿 7584 万美元进行市政建设。主会场设在距奥运村 4 公里的大学校园内，可容纳 8 万多观众。会场设备新颖，装有电子报分牌、电子计时器及大型的电瓶水银灯。其中最具特色的是一条塑胶跑道，这在奥运会史上还是第一次出现。本届奥运会为了增加观众欣赏的兴趣，第一次使用彩色电视技术，向全世界转播。在本届奥运会上，两名来自美国的运动员成为了大会的焦点。跳高运动员理查德·福斯贝里使用了一种全新的背越式跳高法，一举获得金牌。自此，这种跳高方式也被称为“福斯贝里式”。田径运动员汤米·史密斯在获得男子 200 米金牌后，在领奖台上与同样获得铜牌的队友一起光着脚、低下头，同时举起戴有黑手套的拳头，象征着为黑人争取平等权利，这就是著名的“黑拳事件”，而这个举动也引起了轩然大波。

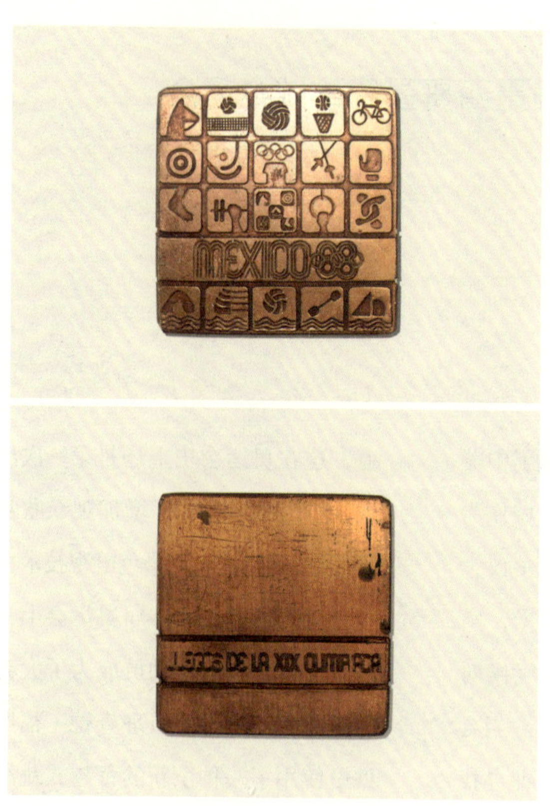

1968 年墨西哥城奥运会参与奖章

1968 年墨西哥城奥运会火炬

侯琨与 1968 年奥运会跳高冠军福斯贝里交流

1968 年墨西哥城奥运会奖牌

1968 年墨西哥城奥运会火炬包装盒

1968 年墨西哥城奥运会纪念盘

汤米·史密斯赠送侯琨签名自传《沉默的手势》

一切皆有可能！

——何雯娜

2008 年北京奥运会蹦床冠军

1972 年　第二十届德国慕尼黑奥运会

概述：第二十届奥运会即 1972 年慕尼黑奥运会，是截止到当时规模最大的一届。来自 121 个国家和地区的运动员参加了比赛，所有数字均创造了纪录。在本届奥运会上首次出现了奥运会吉祥物，一只名字叫沃迪的德国猎犬。9 月 5 日凌晨，由于巴勒斯坦恐怖分子袭击奥运村内的以色列代表团，奥运会被叫停并在主体育场进行了悼念活动，在暂停了 34 个小时后，赛事重新开始。本届奥运会成就了美国游泳名将马克·施皮茨，他不但连夺 7 块游泳金牌，更刷新了全部 7 个项目的世界纪录，成为当时历史上在一届奥运会获得金牌最多的运动员。慕尼黑以其啤酒而享誉世界，而这个城市更是一个传统与现代结合的地方。当年奥运会的主体育场慕尼黑奥林匹克公园现在已是市内最大的运动休闲场所，经常接办各种比赛及演唱会。由于当时设计理念超前、布局合理，使其被称为“最美奥林匹克公园”。

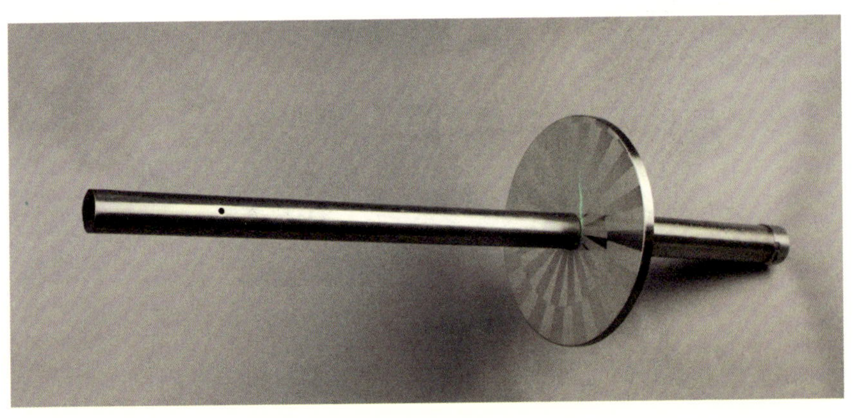

1972 年慕尼黑奥运会火炬

1972 年慕尼黑奥运会纪念瓷盘

1972 年慕尼黑奥运会吉祥物

1972 年慕尼黑奥运会奖牌

侯琨在 1972 年慕尼黑奥运会奥林匹克公园

1976 年 第二十一届加拿大蒙特利尔奥运会

概述：第二十一届奥运会即 1976 年蒙特利尔奥运会。由于此次运动会遭到了非洲国家的抵制，规模远逊于上届，最后参赛的有 92 个国家和地区，共产生 613 枚奖牌。本届奥林匹克火焰传递采取了与以往不同的做法，火种于奥林匹亚点燃，传到雅典后，利用卫星传到加拿大首都渥太华，随后进行火炬接力跑传递到蒙特利尔。现任国际奥委会主席托马斯·巴赫博士就是在本届奥运会上与队友一起夺得了男子花剑团体金牌，他也成为第一位奥运冠军出身的国际奥委会主席。

1976 年蒙特利尔奥运会奖牌

1976 年蒙特利尔奥运会冠军纪念锡质杯（巴赫主席的名字也位列其中）

1976 年蒙特利尔奥运会参与奖章

1976 年蒙特利尔奥运会男子花剑团体冠军纪念封（图中左二是现任国际奥委会主席巴赫博士）

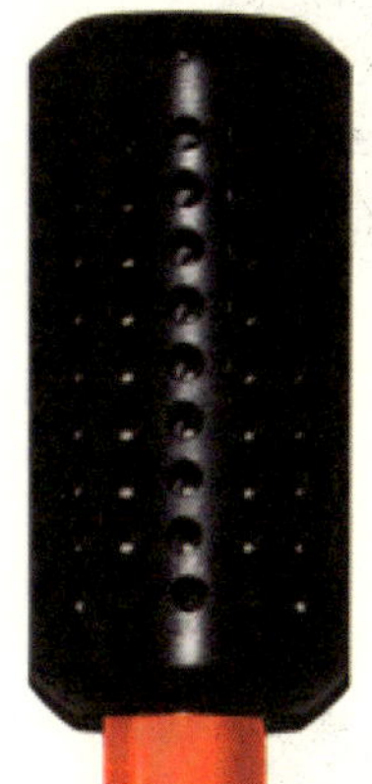

1976 年蒙特利尔奥运会男子花剑团体冠军纪念卡

侯琨在 1976 年蒙特利尔奥运会场馆内

1976 年蒙特利尔奥运会火炬

只要有付出就会有收获，可能只是时间的早晚或者形式的不同！

——罗微

2004 年雅典奥运会跆拳道冠军

1980 年　第二十二届苏联莫斯科奥运会

概述：本届奥运会于 1980 年 7 月 19 日至 8 月 3 日在莫斯科举行，这也是奥运会第一次在社会主义国家举办。本届奥运会的会期恰好与第十五届奥运会会期相吻合，两届会期举办月日完全一样，是奥运会史上仅有的一次。虽然由于非共产主义国家的抵制，本届奥运会仅有 80 个国家和地区的 5179 名运动员参加，但这丝毫没有影响苏联人的热情，他们举办了一场当时奥运会有史以来最宏大的开幕式表演，震惊了全世界。

1980 年莫斯科奥运会吉祥物图案瓷壶

1980 年莫斯科奥运会珐琅铜碗

1980 年莫斯科奥运会火炬

1980 年莫斯科奥运会参与奖章

1984 年　第二十三届美国洛杉矶奥运会

概述：1978 年国际奥委会雅典会议决定，由唯一申请城市美国洛杉矶承办 1984 年第二十三届奥运会，大会于洛杉矶的黄金季节 7 月 28 日至 8 月 12 日举行。当时国际奥委会成员有 159 个，参赛的共 140 个国家和地区，远远超过了以往各国的规模。1984 年 7 月 28 日当地时间 16 点 15 分，大会于洛杉矶纪念体育场正式开幕。中国代表团自 1979 年重返奥林匹克大家庭后首次参加夏季奥运会，许海峰实现了新中国奥运会金牌“零的突破”，因此本届奥运会对我国来讲具有特殊意义。本届奥运会也被视为奥林匹克运动的转折点，因为在

1984 年洛杉矶奥运会中国代表团徽章

1984 年洛杉矶奥运会火种灯

这之前，蒙特利尔为举办奥运会所欠下的巨额债务已经让世界各国望“奥”兴叹，国际奥委会本身更是处于水深火热之中。时任国际奥委会主席萨马兰奇先生创新性地允许由私人牵头举办奥运会的举动,也挽救了奥运会的发展。以尤伯罗斯为领导的美国商业奇才们的精彩表现，也使本届奥运会成为了历史经典！至今，当年举办奥运会的主体育场仍是很多到访洛杉矶的游客必去之处。自 2011 年首次前往到现在，我已数次访问此地并有不同的收获。

1984 年洛杉矶奥运会我国奖励金牌获得者的收录机

侯琨与本届奥运会 1500 米冠军、现英国奥委会主席塞巴斯蒂安·科先生

1984 年洛杉矶奥运会主体育场及场外雕塑

1984 年洛杉矶奥运会参与奖章

1984 年洛杉矶奥运会中国体育代表团手册

1984 年洛杉矶奥运会爱马仕限量丝巾

1984 年洛杉矶奥运会纪念瓷盘

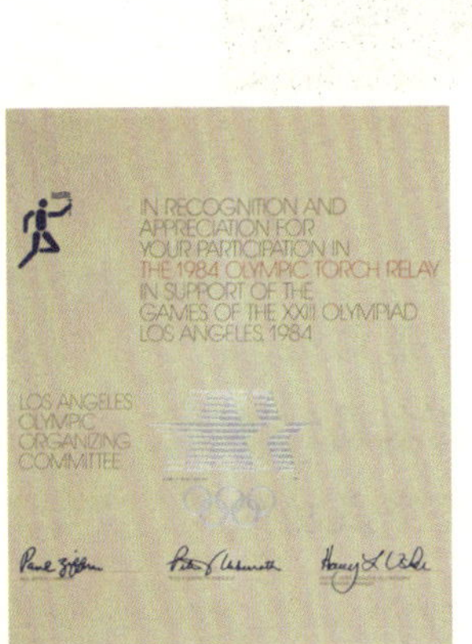

IN RECOGNITION AND
APPRECIATION FOR
YOUR PARTICIPATION IN
THE 1984 OLYMPIC TORCH RELAY
IN SUPPORT OF THE
GAMES OF THE XXIII OLYMPIAD
LOS ANGELES 1984

LOS ANGELES
OLYMPIC
ORGANIZING
COMMITTEE

1984 年洛杉矶奥运会传递火炬及证书

将目的做成沙袋捆缚在身上，每前进一步，巨大的牵累与莫名的恐惧就赶来羁绊你的手脚，如此，你将如何去约见那个成功的自我？

——雷声

2012 年伦敦奥运会击剑冠军

1988 年　第二十四届韩国汉城奥运会

1988 年汉城奥运会吉祥物徽章一组

概述: 第二十四届奥运会于 1988 年 9 月 17 日在韩国的汉城（即现在的首尔）举行，共有 159 个国家和地区的 8391 名运动员参加了 23 个大项 237 个单项的比赛，我国共选派了 301 名选手参赛。由于前苏联、民主德国及东欧等国都参加了本届奥运会，使得竞争异常激烈，最终我们仅获得了 5 枚金牌，体操名将楼云成为了我国第一个蝉联冠军的运动员。首次参赛的国家和地区有文莱、马尔代夫、美属萨摩亚、圣文森特和格林纳达、阿鲁巴、瓦努阿图、关岛和库克群岛。首尔奥林匹克博物馆（Seoul Olympic Museum）位于韩国奥委会总部旁，是一座集展览展示、互动和学习于一体的综合性博物馆，馆陈主要为本届奥运会的相关藏品以及韩国体育历史发展的见证物。

1988 年汉城奥运会纪念瓷盘

1988 年汉城奥运会参与奖章

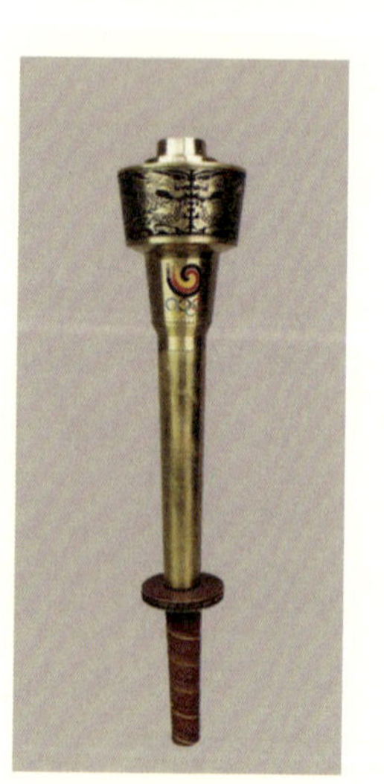

1988 年汉城奥运会传递火炬

侯琨到访 1988 年汉城奥运会主体育场

1992 年　第二十五届西班牙巴塞罗那奥运会

概述：第二十五届夏季奥运会于1992年在西班牙巴塞罗那举行。本届奥运会的口号是：“永远的朋友。（Friends for Life.）”这一口号，不仅强调了奥林匹克精神中友谊与和平的永恒主题，也表达了全世界人民共同的期盼与心声。国际奥委会的全部成员国都参加了本届奥运会，时任国际奥委会主席萨马兰奇先生也参加了盛会开幕前举行的火炬传递活动。本届奥运会的吉祥物是一只既像山羊又像狗的动物，取名为 Cobi。主题曲《巴塞罗那》在 1992 年奥运会尚未开幕前就红遍了世界。本届奥运会我国派出了由 118 名男运动员和 133 名女运动员组成的代表团参加了 20 个大项的比赛，涌现出了游泳项目“四朵金花”钱红、庄泳、林莉和杨文意，乒乓球项目邓亚萍，跳水项目伏明霞等一批优秀运动员。

1992 年巴塞罗那奥运会中国代表团徽章

1992 年巴塞罗那奥运会吉祥物

1992 年巴塞罗那奥运会火炬

1992 年巴塞罗那奥运会参与奖章

1996 年亚特兰大奥运会吉祥物

1996 年　第二十六届美国亚特兰大奥运会

概述：1996 年是现代奥运的百年纪念，组委会特将百年庆典主题定为“和谐、光芒、优雅”。7 月 19 日至 8 月 4 日在美国亚特兰大举行的第二十六届奥运会实现了奥运家庭的大团圆，共有来自世界 197 个国家和地区的 10318 名运动员参加了各项比赛的角逐。各国选手经过 17 天的激烈争夺，共打破 25 项世界纪录，上述数字皆创造了奥运会历史上的新纪录。历史上首个奥运会官方网站也于本届奥运会成功上线。我国体育代表团在本届奥运会上

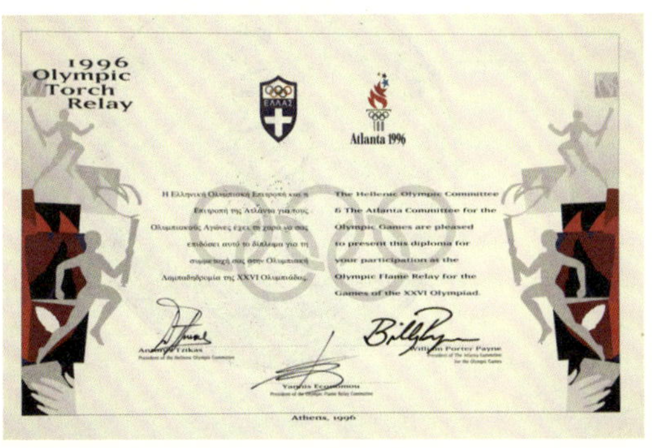

1996 Olympic Torch Relay

Atlanta 1996

The Hellenic Olympic Committee & The Atlanta Committee for the Olympic Games are pleased to present this diploma for your participation at the Olympic Flame Relay for the Games of the XXVI Olympiad.

Athens, 1996

1996 年亚特兰大奥运会火炬及传递证书

侯琨在 1996 年亚特兰大奥运会主火炬塔旁留影

1996 年亚特兰大奥运会金牌

也成绩斐然，其中乒乓球项目更是包揽了4 枚金牌。中国香港帆板运动员、有“风之后”美称的李丽珊为中国香港代表团夺得了历史上的首枚金牌。

1996 年亚特兰大奥运会参与奖章

2000 年悉尼奥运会奖牌

2000 年　第二十七届澳大利亚悉尼奥运会

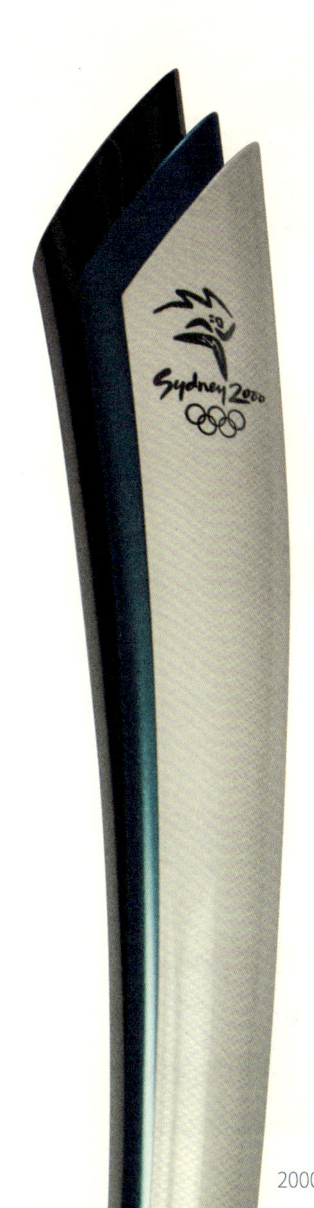

2000 年悉尼奥运会火炬

概述：2000 年 9 月 15 日至 10 月 1 日，来自全球 199 个代表团的 10651 名运动员，参加了 21 世纪第一次奥运会——在澳大利亚悉尼举行的第二十七届奥运会的 28 个大项、300 个小项的角逐，比赛项目之多为历届奥运会之最。在奥林匹克精神的鼓舞下，他们向人类的生理极限发起挑战，展示出较高的竞技水平，共创造了 34 项世界纪录，77 项奥运会纪录。本届奥运会火炬传递的最大亮点是火炬第一次进行了水下传递。本届奥运会的举办，也使奥运会第二次来到了南半球。值得一提的是，跆拳道项目在本届奥运会上正式成为比赛项目，我国代表团运动员陈中获得了第一枚女子大级别比赛的冠军，开启了我国女子跆拳道运动的黄金时代。中国代表团最终以金牌 28 枚、奖牌总数 59 枚的优异成绩一举跃入了奖牌榜世界三强行列，创造了新的历史。

2000 年悉尼奥运会参与奖章

2000 年悉尼奥运会吉祥物

侯琨在悉尼地标前留影

冠军没有捷径可言，必须一天一天、一步一步地重复再重复，努力更努力，才有胜利的可能！

——李小鹏

2000 年、2008 年两届奥运会体操冠军

2004 年　第二十八届希腊雅典奥运会

概述：2004 年第二十八届奥运会又回到了首届现代奥运会的举办地希腊雅典，大会于 8 月 13 日至 29 日举行。各国运动员们以“更快、更高、更强”的奥林匹克精神挑战极限、攀越新高，在田径、游泳、自行车、举重和射箭等赛场，创造了 20 多项新的世界纪录。本着传承和节俭的原则，本届奥运会将几处在 1896 年首届奥运会时使用的场地进行了重新装修和使用。该届奥运会的火炬传递也开创历史地首次进行了全球传递，圣火传遍了五大洲，历时 78 天，总传递里程 78000 公里。在本届奥运会上，我国体育代表团以金牌数 32 枚跃居金牌榜第二名。中国女子跆拳道运动员陈中、罗微顶住压力，一举夺得两枚金牌。而刘翔在 110 米栏项目中斩获的金牌，更是创造了世界田径的历史。

2004 年雅典奥运会参与奖章

国际奥委会制 2004 年雅典奥运会鼻烟盒

2004 年雅典奥运会金牌

2004 年雅典奥运会吉祥物

2004 年雅典奥运会火炬

人生总有高峰和低谷，勇于坚持梦想，敢于去做！

——刘翔

2004 年雅典奥运会 110 米栏冠军

2008 年　第二十九届中国北京奥运会

概述：第二十九届夏季奥运会于 2008 年 8 月 8 日至 24 日在中国北京举办。本届奥运会共举行了 28 个大项、38 个分项的比赛，产生了 302 枚金牌，来自 204 个国家和地区的 6 万多名运动员、教练员和官员参加了北京奥运会。除大部分比赛在北京举行外，帆船比赛在青岛举行，马术比赛在香港举行，部分足球预赛在天津、上海、沈阳和秦皇岛举行。2005 年 7 月 8 日，在新加坡举行的国际奥林匹克委员会第 117 次全会上，决定由香港协办 2008 年奥运马术项目，这是奥运历史上第二次由不同地区的奥委会承办一届奥运会。本届奥运会的口号是“同一个世界，同一个梦想”，中国人民以最大的热情迎接来自全世界的朋友。以“点燃激情，传递梦想”为主题的全球火炬传递更是让全世界都与本届奥运会紧密结合在一起，创造了新的奇迹。我国体育健儿经过顽强拼搏，以金牌 51 枚、奖牌总数 100 枚首次登顶奖牌榜榜首。也正是在本届奥运会上，吴静钰实现了她自少年时代的梦想——站上奥运会最高领奖台，为我国体育代表团获得了首枚女子小级别奥运会跆拳道金牌。在北京奥运会的闭幕式上，时任国际奥委会主席罗格先生以“无与伦比的奥运会”给予北京奥运会以最高的评价。

2008 年北京奥运会主体育场及玲珑塔

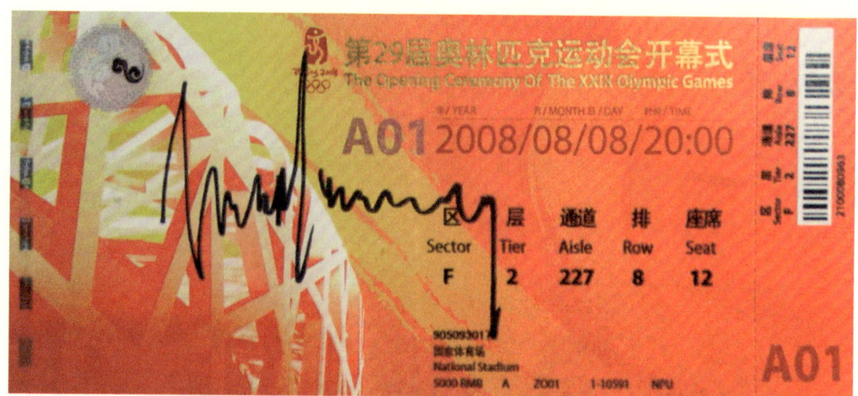

2008 年北京奥运会萨马兰奇、罗格签名开、闭幕式门票

2008 年北京奥运会吴静钰夺冠限量邮票册

侯琨在 2008 年香港马术比赛场

2008 年北京奥运会吴静钰金牌

2008 年北京奥运会火炬

2008 年北京奥运会参与奖章

2008 年北京奥运会官方总结报告

2008 年北京奥运会吉祥物

打不死，就再来！

——邹市明

2008 年、2012 年两届奥运会拳击冠军

2012 年　第三十届英国伦敦奥运会

概述：2005 年 7 月 6 日，国际奥委会在新加坡举行的第 117 次国际奥委会全会上宣布，由英国伦敦主办第三十届夏季奥运会。这也是伦敦第 3 次主办夏季奥运会，伦敦成为迄今为止举办夏季奥运会次数最多的城市。本届奥运会于 2012 年 7 月 28 日至 8 月 13 日举行，来自世界五大洲 204 个国家和地区的 10500 名运动员参加了比赛。伦敦奥组委将本届奥运会口号定为“激励一代人”，也是希望本次奥运会的举办不光能够激励本国的年轻人奋发向前，更能影响到全世界的青年积极进取。中国奥运健儿在本届奥运会上共取得 38 枚金牌、88 枚奖牌。

Wu Jing Yu

Chinese Olympic Committee

Olympic champion and gold medallist

Championne olympique et médaillée d'or

Taekwondo

Women's 49kg

Jacques ROGGE
President
International Olympic Committee
Président
Comité International Olympique

Sebastian COE KBE
Chair
London Organising Committee of the Olympic Games and Paralympic Games
Président
Comité d'organisation des Jeux Olympiques et Paralympiques de Londres

2012 年伦敦奥运会吴静钰冠军证书

2012 年伦敦奥运会火炬

2012 年伦敦奥运会吴静钰金牌

2012 年国际奥委会全会佩章

2012 年伦敦奥运会吉祥物

吴静钰与世界跆拳道联合会主席赵正源博士

伦敦奥运会开幕式前侯琨与中国企业家代表团成员共同庆祝

2012 年伦敦奥运会吴静钰签名限量夺冠纪念封

人之所以能，是因为相信能。

——吴静钰

2008 年、2012 年两届奥运会跆拳道冠军

2016 年　第三十一届巴西里约热内卢奥运会

概述：2009 年 10 月 3 日凌晨，国际奥委会第 121 次全会在丹麦哥本哈根进行，巴西里约热内卢通过三轮投票最终击败西班牙马德里，获得 2016 年第三十一届夏季奥林匹克运动会的举办权。本届奥运会将于 2016 年 8 月 5 日至 21 日举行，里约热内卢将成为奥运史上首个主办奥运会的南美洲城市，同时也是首个主办奥运会的葡萄牙语城市。

2016 年里约热内卢奥运会吉祥物

侯琨与 2016 年里约热内卢奥运会组委会主席卡洛斯·努兹曼先生

2020 年　第三十二届日本东京奥运会

概述：2013 年 9 月 7 日，在阿根廷首都布宜诺斯艾利斯举行的第 125 届国际奥委会全体会议上，日本东京最终击败土耳其伊斯坦布尔和西班牙马德里，获得 2020 年第三十二届夏季奥林匹克运动会的主办权。东京申办成功，使其成为继法国巴黎、英国伦敦、美国洛杉矶和希腊雅典后世界上第 5 个至少两次举办夏季奥运会的城市，也是亚洲第一个。

东京申办 2020 年奥运会会徽

2012 年侯琨在日本奥委会赠送助力东京申办 2020 年奥运会的签名五环旗

1984—2012 年历届夏季奥运会

中国冠军榜

1984 年第二十三届奥林匹克运动会

举办城市：美国洛杉矶　　　　中国获金牌：15 枚

体　操：李　宁　楼　云　马燕红

射　击：许海峰　李玉伟　吴小旋

跳　水：周继红

举　重：曾国强　吴数德　陈伟强　姚景远

击　剑：栾菊杰

女子排球：张蓉芳、郎　平、朱　玲、杨锡兰、周晓兰、梁　艳
姜　英、侯玉珠、苏惠娟、李延军、杨晓君、郑美珠

1988 年第二十四届奥林匹克运动会

举办城市：韩国汉城　　　　中国获金牌：5 枚

跳　水：许艳梅　高　敏

体　操：楼　云

乒乓球：陈龙灿　韦晴光　陈　静

1992 年第二十五届奥林匹克运动会

举办城市：西班牙巴塞罗那　　　　中国获金牌：16 枚

田　径：陈跃玲

游　泳：庄　泳　钱　红　林　莉　杨文意

跳　水：伏明霞　高　敏　孙淑伟

体　操：陆　莉　李小双

射　击：王义夫　张　山

柔　道：庄晓岩

乒乓球：邓亚萍、乔　红（女双）　吕　林、王　涛（男双）

邓亚萍（女单）

1996年第二十六届奥林匹克运动会

举办城市：美国亚特兰大　　　　**中国获金牌：16枚**

田　径：王军霞

游　泳：乐靖宜

跳　水：伏明霞　熊　倪

举　重：唐灵生　占旭刚

体　操：李小双

射　击：李对红　杨　凌

乒乓球：邓亚萍、乔　红（女双）　孔令辉、刘国梁（男双）

邓亚萍（女单）　刘国梁（男单）

羽毛球：葛　菲、顾　俊（女双）

柔　道：孙福明

2000年第二十七届奥林匹克运动会

举办城市：澳大利亚悉尼　　　　**中国获金牌：28枚**

射　击：陶璐娜　蔡亚林　杨　凌

举　重：杨　霞　陈晓敏　林伟宁　丁美媛　占旭刚

羽毛球：张　军、高　崚（混双）　龚智超（女单）
葛　菲、顾　俊（女双）　吉新鹏（男单）

乒乓球：王　楠、李　菊（女双）　王励勤、阎　森（男双）
王　楠（女单）　孔令辉（男单）

体　操：刘　璇　李小鹏

男子体操团体：李小鹏、郑李辉、黄　旭、杨　威、邢傲伟、肖俊峰

跳　水：李　娜、桑　雪（女双）　熊　倪、肖海亮（男双）
熊　倪　伏明霞　田　亮

跆拳道：陈　中

田　径：王丽萍

柔　道：唐　琳　袁　华

2004年第二十八届奥林匹克运动会

举办城市：希腊雅典　**中国获金牌：32枚**

射　击：杜　丽　王义夫　朱启南　贾占波

跳　水：郭晶晶、吴敏霞（女双）　田　亮、杨景辉（男双）
劳丽诗、李　婷（女双）　彭　勃　郭晶晶　胡　佳

游　泳：罗雪娟

柔　道：冼东妹

举　重：陈艳青　石智勇　张国政　刘春红　唐功红

羽毛球：张　军、高　崚（混双）　张洁雯、杨　维（女双）
张　宁（女单）

乒乓球：王　楠、张怡宁（女双）　马　琳、陈　杞（男双）
张怡宁（女单）

网　球：李　婷、孙甜甜（女双）

体　操：滕海滨

摔　跤：王　旭

皮划艇：孟关良、杨文军（男双）

跆拳道：陈　中　罗　微

田　径：刘　翔　邢慧娜

女子排球：冯　坤、杨　昊、刘亚男、李　珊、周苏红、赵蕊蕊
张越红、陈　静、宋妮娜、王丽娜、张　娜、张　萍

2008 年第二十九届奥林匹克运动会

举办城市：中国北京　　中国获金牌：51 枚

举　重：陈燮霞　龙清泉　陈艳青　张湘祥
廖　辉　刘春红　曹　磊　陆　永

射　击：庞　伟　郭文珺　陈　颖　杜　丽　邱　健

跳　水：郭晶晶、吴敏霞（女双）　林　跃、火　亮（男双）
王　鑫、陈若琳（女双）　王　峰、秦　凯（男双）
郭晶晶　何　冲　陈若琳

柔　道：冼东妹　杨秀丽　佟　文

击　剑：仲　满

游　泳：刘子歌

体　操：杨　威　邹　凯　肖　钦　陈一冰　何可欣　李小鹏

射　箭：张娟娟

羽毛球：于　洋、杜　婧（女双）　张　宁（女单）　林　丹（男单）

赛　艇：唐　宾、金紫薇、奚爱华、张杨杨（四人双桨）

摔　跤：王　娇

蹦　床：何雯娜　陆春龙

帆　板：殷　剑

跆拳道：吴静钰

乒乓球：张怡宁　马　琳

皮划艇：孟关良、杨文军（男子）

拳　击：邹市明　张小平

男子体操团体：陈一冰、李小鹏、肖　钦、杨　威、邹　凯、黄　旭

女子体操团体：程　菲、邓琳琳、何可欣、杨伊琳、江钰源、李珊珊

乒乓球女子团体：王　楠、张怡宁、郭　跃

乒乓球男子团体：王　皓、马　琳、王励勤

2012 年第三十届奥林匹克运动会

举办城市：英国伦敦　　**中国获金牌：38 枚**

射　击：易思玲　郭文珺

举　重：王明娟　李雪英　林清峰　吕小军　周璐璐

游　泳：孙　杨　叶诗文　焦刘洋

跳　水：吴敏霞、何　姿（女双）　曹　缘、张　雁（男双）

陈若琳、汪　皓（女双）　秦　凯、罗玉通（男双）

陈若琳

击　剑：雷　声

乒乓球：李晓霞　张继科

羽毛球：张　楠、赵芸蕾（混双）　李雪芮（女单）

田　卿、赵芸蕾（女双）　林　丹（男单）

蔡　赟、傅海峰（男双）

蹦　床：董　栋

田　径：陈　定

体　操：邹　凯　冯　喆　邓琳琳

帆　船：徐莉佳

跆拳道：吴静钰

拳　击：邹市明

女子乒乓球团体：李小霞、丁　宁、郭　跃

男子乒乓球团体：王　皓、张继科、马　龙

击剑女子团体：骆晓娟、孙玉洁、李　娜、许安琪

体操男子团体：陈一冰、冯　喆、郭伟阳、张成龙、邹　凯

冬季奥林匹克运动会撷粹

1924 年首届冬季奥林匹克运动会的举行，标志着全球冬季运动进入了一个全面发展的时期。冬奥会的举行极大地促进了全球冰雪运动的发展，甚至让那些永远见不到冰雪的国家也参与到其中。北京、张家口联合申办 2022 年冬奥会，旨在打造纯洁的体育运动环境、自然生态环境和社会人文环境，推动冬季运动蓬勃发展。希望全世界不同信仰、不同肤色、不同种族的人们，在中国欢聚一堂，共享奥林匹克带来的激情、欢乐和福祉。我们相信这些美好的愿望定会实现！

1924 年　第一届法国夏蒙尼冬奥会

概述：1921 年，国际奥委会决定于 1924 年 1 月 25 日至 2 月 5 日在法国的夏蒙尼举行“1924 国际冬季体育运动周”活动。在这项活动结束两年后，国际奥委会正式追认这届比赛为第一届冬季奥运会，位于欧洲最高峰勃朗峰脚下的法国小镇夏蒙尼也因此载入史册。共有来自 16 个国家的 258 名运动员参加了比赛。本届冬季奥运会上决出的第一个项目是男子 500 米速度滑冰，来自美国的运动员查尔斯朱·特劳获得了这个项目的金牌，这也是冬季奥运会历史上的第一枚金牌。芬兰人克拉斯·顿贝格一人独得了 3 枚金牌（1500 米、5000 米和全能）和 1 枚银牌（1000 米），是本届成绩最出色的运动员。夏蒙尼位于法国东南部勃朗峰脚下，是世界著名的滑雪胜地。每年的 10 月到次年的 4 月，全世界的滑雪爱好者都会涌入到这个小镇上来。2015 年 4 月 7 号，我从国际奥委会总部所在地洛桑乘火车并换乘

1924 年夏蒙尼冬奥会官方海报

山峰快车抵达了这里，开始了我“2015年侯琨冬奥环球行”首站之旅。当走下列车的那一刹那，我立刻被这迷你又古老的车站所吸引，当年正是这小小的车站，首先接待了各国参赛的代表队。如今，夏蒙尼小镇内当年冬奥会的痕迹只有一处，就是本届冬奥会开幕式和滑冰等几个项目举行的场地。虽然如今场地早已变为一块空草地，但是官方并没有把它用于任何形式的使用，而是就让它默默地保留在那里，向游人和滑雪爱好者们展示着。

1924年夏蒙尼冬奥会录影胶片

1924年夏蒙尼冬奥会官方秩序册

1924 年夏蒙尼冬奥会奖牌

2015 年侯琨冬奥环球行首站之夏蒙尼

链接：速度滑冰（Speed skating）

速度滑冰起源于古代生活在寒冷地带的人们在冬季冰封的江河湖泊中以滑冰作为交通运输的手段，并随着社会的进步逐步发展为一种滑冰游戏，直到现代的速滑运动，国际性速滑比赛始于19世纪末。1889年，在荷兰的阿姆斯特丹举行了第一届国际速滑比赛。1892年，正式成立了国际滑冰联盟，它负责组织比赛的项目有速度滑冰和花样滑冰，并规定每年举行一次世界男子速滑锦标赛。1936年，举办了第一届世界女子速滑锦标赛。速度滑冰是首届冬奥会的比赛项目之一。

1924年夏蒙尼冬奥会门票

鲜花与掌声、金牌和荣耀，那是每个运动员梦寐以求的时刻。但我说，奥林匹克精神也不专属于运动员。赛场上，你们为运动员的拼搏进取呐喊助威；赛场下，人人都可以努力争得人生的金牌！

——杨扬

2002年盐湖城冬奥会短道速滑冠军、中国首位冬奥会冠军

1928 年　第二届瑞士圣莫里茨冬奥会

1928 年圣莫里茨冬奥会参与奖章

概述：1928 年第二届冬奥会于 2 月 11 日至 19 日在瑞士小城圣莫里茨举行。共有来自 25 个国家的 464 名运动员参赛，日本成为亚洲第一个参加冬奥会的国家。来自挪威的女子花样滑冰运动员索尼娅·海妮以 15 岁的年龄夺得这届冬奥会的花样滑冰女子单人滑金牌，成为最年轻的冬奥会个人项目金牌获得者，并将这一纪录保持了 74 年。之后，她又分别在 1932 年和 1936 年两次蝉联冠军，成为一代传奇巨星。俯式冰橇第一次成为冬季奥运会的比赛项目。

链接：短道速滑（Short track speed skating）

短跑道速度滑冰简称短道速滑，起源于加拿大。1905年加拿大首次举行全国短道速滑锦标赛，后逐渐在欧美国家广泛开展。1969年加拿大在第33届国际滑冰联盟代表大会上，向与会代表散发了《短跑道速度滑冰规则》，1975年国际滑冰联盟成立短跑道速度滑冰技术委员会，1981年起举办世界短道速滑锦标赛。该比赛场地面积为30×60米，跑道每圈长111.12米，采用分组预、次、复、决赛的淘汰制，抽签决定道次。比赛出发时，多名运动员在一条起跑线上同时起跑，滑行过程可以随时超越对手。运动员必须戴护盔和防护手套。

短道速滑于1992年被列为冬奥会比赛项目。

1928年圣莫里茨冬奥会奖牌

1928 年圣莫里茨冬奥会官方海报

1928 年圣莫里茨冬奥会门票

1932 年　第三届美国普莱西德湖冬奥会

概述：第三届冬季奥运会于 1932 年在美国纽约州的一个不到 4000 人的小镇普莱西德湖举行，这是冬季奥运会自 1924 年举办以来，首次来到美洲大陆。由于刚刚经历了一场全球范围的经济大萧条，这届奥运会的筹备工作受到了极大的经济困扰。组委会主席杜威甚至捐出自己家族的一块地，作为兴建雪橇比赛车道之用。在本届冬奥会的开幕仪式上，英国代表团由一名女子运动员担任旗手，成为奥运会历史上第一次由女性运动员担任旗手的代表团。冰球比赛第一次在室内场地比赛，这也使得运动员不必再忍受露天冰雪之苦。共有来自 14 个国家的 252 位运动员参加了大赛。

1932 年普莱西德湖冬奥会参与奖章

1932 年普莱西德湖冬奥会官方证书

1932 年普莱西德湖冬奥会门票

1932 年普莱西德湖冬奥会邮票

链接：花样滑冰（Figure Skating）

花样滑冰起源于18世纪的英国，后在德国、美国、加拿大等欧美国家迅速开展。1863年，被誉为“现代花滑之父”的美国人杰克逊·海因斯（Jackson Haines）将滑冰运动与舞蹈艺术融为一体，在欧洲巡回表演，丰富了花样滑冰的内容和形式。1952年首次世界冰上舞蹈锦标赛在法国巴黎举行。花样滑冰的冰场长56—61米，宽26—30米，冰的厚度不少于3—5厘米。花样滑冰于1924年被列为冬奥会比赛项目。

1936 年　第四届德国加米施 - 帕滕基兴冬奥会

概述：第四届冬季奥林匹克运动会于 1936 年 2 月 6 日至 16 日在德国的两个小城市加米施和帕滕基兴举行。在这届冬奥会上，主办方高效率的公共汽车服务将 50 万观众顺利带到了最后一天比赛的赛场，成为早期奥运会历史上少见的盛况。高山滑雪在本届奥运会上首次成为正式比赛项目。在这届冬奥会上，运动场主火炬第一次引入冬奥会赛场，焰火表演第一次出现在冬奥会闭幕仪式上。本届冬奥会也是最后一次冬、夏季奥运会在同一国家举行。

1936 年加米施 - 帕滕基兴冬奥会门票

1936 年加米施 - 帕滕基兴冬奥会邮票

链接：冰球（Ice hockey）

冰球运动起源于加拿大，1855 年 12 月 25 日在加拿大金斯顿举行首次冰球比赛。1908 年，国际冰球联盟（IIHF）在巴黎成立，总部设在瑞士苏黎世。国际冰球比赛均采用长 61 米、宽 30 米、角圆弧半径为 8.5 米的场地。冰球场地四周围以高 1.15—1.22 米的木质或可塑材料制成的牢固界墙。除场地正式标记外，全部冰面和界墙内壁应为白色。比赛时每队有 20 人，双方上场各 6 人，有守门员、左后卫、右后卫、左前锋、右前锋和中锋。运动员穿冰鞋，手持冰杆，身穿国际冰联规定的护胸、护肘、护裆、护腿、头盔等护具。男子冰球在 1920 年首次出现在夏季奥运会赛场，后将该届奥运会冰球赛追认为首届世界冰球锦标赛。男子冰球于 1924 年被列为冬奥会比赛项目，女子冰球于 1998 年被列为冬奥会比赛项目。

1936 年加米施 - 帕滕基兴冬奥会参与奖章

1936 年加米施 - 帕滕基兴冬奥会组委会官方佩章

1948 年　第五届瑞士圣莫里茨冬奥会

概述：第五届冬奥会原准备于 1940 年在日本北海道札幌举办，但由于日本帝国主义在 1937 年发动了侵华战争，日本政府宣布他们无法举办札幌冬季奥运会，后由瑞士的圣莫里茨成为候选城市。但在 1936 年冬季奥运会上，因为滑雪教练员的参赛问题，瑞士奥委会与国际奥委会发生争议，瑞士也宣布放弃承办这届冬季奥运会。德国在 1939 年 7 月向国际奥委会表示，他们愿意在上届奥运会的举办城市加米施和帕滕基兴承办第五届冬奥会。四个月后，第二次世界大战爆发，接下来的两届奥运会都被迫取消。1948 年二战结束之后的首次冬季奥运会在瑞士的圣莫里茨重新举办。经过由于第二次世界大战带来的 12 年的中断后，第五届冬季奥运会被称为“复兴运动会”，在这届奥运会上，发动第二次世界大战的德国和日本被抵制在冬奥会大家庭门外。本届冬奥会于 1 月 30 日至 2 月 8 日举办，共有来自 28 个国家的 669 名运动员参加了比赛。

链接：冰壶（Curling）

冰壶又称掷冰壶，冰上溜石，起源于苏格兰。冰壶场地长 44.5 米、宽 4.32 米，四周设有高 2 英寸、宽 4 英寸的木框。场地中线两侧分别有前卫线、丁字线和后卫线，丁字线的交叉点为营垒的中心点，以中心点为圆心，向外分别各画一个半径为 0.15 米、0.61 米、1.22 米、1.83 米的同心圆。砥石由苏格兰不含云母的花岗岩石制成，直径 29 厘米，厚 11.5 厘米，重 19 公斤。每场比赛两队参加，每队 4 人，共进行 10 局，每局投两次（共 16 枚砥石）。以砥石距离对方营垒圆心最近者得分，每石 1 分，积分多的队获胜。冰壶分别于 1924、1932、1936、1964、1988 和 1992 年 6 次被列为冬奥会表演项目，1998 年以后被列为冬奥会正式比赛项目。

1948 年圣莫里茨冬奥会邮票

1948 年圣莫里茨冬奥会参与奖章

1948 年圣莫里茨冬奥会奖牌

超越自我，追求卓越！

——韩晓鹏

2006年都灵冬奥会自由式滑雪空中技巧冠军

1952 年　第六届挪威奥斯陆冬奥会

1952 年奥斯陆冬奥会火炬

概述：1952 年冬季奥运会来到了现代滑雪的诞生地挪威，共有来自 30 个国家的 694 名运动员参加 2 月 14 日至 25 日的比赛。本届冬奥会举行了冬奥会历史上的首次火炬传递活动，也诞生了第一把冬奥会火炬。奥运圣火从被称为“滑雪运动之父”的挪威著名运动员努尔海姆故居的炉火中点燃，经过了 94 名滑雪运动员的接力传递后来到主体育场，并在主运动场中点燃了大会圣火火炬。东道主挪威的 28 岁速度滑冰运动员安德森在家乡父老面前，夺得了 3 枚速度滑冰金牌。

1952 年奥斯陆冬奥会参与奖章

链接：有舵雪橇（Bobsleigh）

有舵雪橇又称长雪橇，起源于18世纪80年代。1923年国际有舵雪橇和平底雪橇联合会成立。有舵雪橇比赛对运动员服装、双人座有舵雪橇、四人座有舵雪橇均制定有严格的标准，有舵雪橇的滑道以混凝土或木材建成，宽度为1.4米，两侧均为护墙，护墙内侧高1.4米，外侧高2—7米。滑道及两侧的护墙均需浇冰，比赛线路长度为1300—2000米，全程设有15—20个弯道，弯道的半径不得小于20米，其滑道的平均坡度为4°30'—8°30'，而起点至终点的高度差异是100—150米。男子每赛次滑行4次，女子每赛次滑行2次，以赛次滑行次数累计时间计算成绩，时间少者获胜。遇两队时间总和相等时，以任何一次最少时间的队为胜。男子有舵雪橇于1924年被列为冬奥会比赛项目，女子有舵雪橇于1998年被列为冬奥会比赛项目。

1952年奥斯陆冬奥会官方秩序册

侯琨在 1952 年奥斯陆冬奥会主体育场

1952 年奥斯陆冬奥会邮票

1956 年　第七届意大利科蒂纳·丹佩佐冬奥会

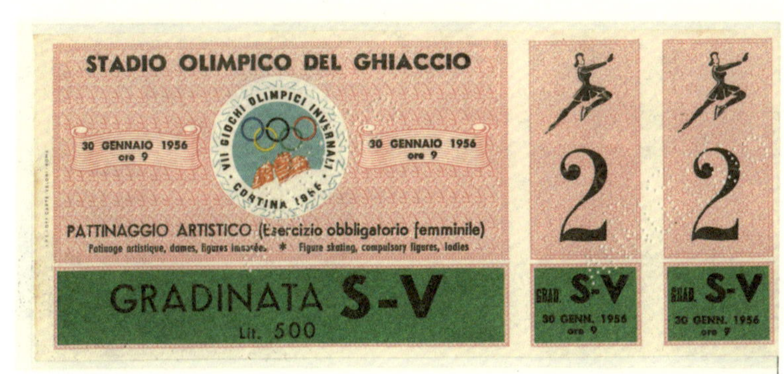

1956 年科蒂纳·丹佩佐冬奥会门票

概述：1956 年意大利科蒂纳·丹佩佐冬季奥运会于 1 月 26 日至 2 月 5 日举行，本届冬奥会因为前苏联的加入而具有特殊的意义。在他们第一次参加的冬奥会中，他们就超越所有对手，在奖牌榜上名列第一。在四项速度滑冰项目中，他们夺取三金。科尔钦成为第一位夺得越野滑雪金牌的非斯堪的纳维亚国家运动员。本届冬奥会的圣火是从罗马古斗兽场点燃的。开幕式上代表运动员宣誓的是来自意大利的女子运动员，她是奥运会历史上第一位代表运动员宣誓的女子运动员。在跳台滑雪比赛中，芬兰代表队采用了一种新的空中姿势，他们的手紧紧贴住身体，而不是像以前的高举过头顶。中国奥委会名誉主席何振梁先生当年也以工作人员身份出席了本届冬奥会。

1956 年科蒂纳·丹佩佐冬奥会纪念丝巾

1956 年科蒂纳·丹佩佐冬奥会参与奖章

链接：无舵雪橇（Luge）

无舵雪橇，也称平底雪橇、运动雪橇或短雪橇。1480年挪威就已出现无舵雪橇，1883年瑞士在达沃斯举行了世界上第一次无舵雪橇比赛。1957年国际无舵雪橇联合会正式成立，决定从第9届冬奥会开始进行无舵雪橇比赛，在非冬奥会年份，每年举行世界锦标赛、欧洲锦标赛及各种杯赛。无舵雪橇对单人用器械和双人用器械的重量、尺寸，比赛天数均制定有严格的标准。无舵雪橇的滑道以混凝土或木材建成，滑道宽1.3—1.5米，两侧的护墙要浇冰，男子比赛线路长度为1000—1400米，女子比赛线路长度为800—1200米，滑道内有11—18个弯道，弯道的半径为8米，平均坡度为4—10度，男女没有分别，在滑道内，起点与终点的高度差异为70—130米。以赛次滑行次数累计时间计算成绩，时间少者获胜。遇两队时间总和相等时，以任何一次最少时间的队为胜。

1956年科蒂纳·丹佩佐冬奥会官方证书

1960 年　第八届美国斯阔谷冬奥会

概述：1960 年美国斯阔谷冬奥会于 1960 年 2 月 18 日至 28 日举行，来自 30 个国家和地区的 665 名运动员参加了比赛。有趣的是，雪橇比赛因为只有 9 个国家报名，组委会认为不值得花大笔钱兴建一条雪橇的比赛场地，因此拒绝为了举办雪橇比赛专门兴建一条比赛赛道并宣布不举办雪橇比赛，这是雪橇比赛唯一一次在冬季奥运会中缺席。在这届比赛中，冬季两项（包括越野滑雪和射击两项）第一次成为冬奥会的正式比赛项目，来自瑞典的运动员莱斯坦德获得了这个项目的第一枚奥运金牌。来自法国的高山速降运动员在比赛中采用以金属制成的滑雪板代替过去使用的木制板，这是首次有金属滑雪板出现，代表滑雪器材进入了一个新的阶段，比赛中他就是以这种新装备获得了高山速降比赛的金牌。本届大会组委会还第一次专门修建了奥运村，这也成为了冬奥会历史上第一个奥运村。

1960 年斯阔谷冬奥会邮票

链接：俯式冰橇（Skeleton）

俯式冰橇又称为钢架雪车。俯式冰橇与无舵雪橇一样都起源于北欧，历史上第一次冰橇比赛是于1884年进行的，俯式冰橇比赛对运动员的着装、体重，比赛器械的尺寸、重量均制定有严格的标准。俯式冰橇比赛场地的线路设计必须呈“十”字形，长度为1214米，起点和终点与之间的高度距离是157米。赛道中共设有10个转弯处，而它的上坡长度约占赛道总长度的12%。比赛中选手俯卧在雪橇上，头朝前脚在后，并于起点开始以冰橇滑行1214米到达终点两次，累计时间计算成绩，以用时少者为胜。时间的计算准确至百分之一秒，若出现相同成绩，名次可以并列。俯式冰橇曾分别于1928年、1948年被列入冬奥会比赛项目，2002年后复列为冬奥会比赛项目。

1960年斯阔谷冬奥会火炬

1960 年斯阔谷冬奥会官方海报

1960 年斯阔谷冬奥会运动员号码簿

1960 年斯阔谷冬奥会参与奖章

1964 年　第九届奥地利因斯布鲁克冬奥会

概述：第九届冬季奥运会于 1964 年 1 月 29 日至 2 月 9 日在奥地利的因斯布鲁克举行。这里是奥地利著名的滑雪圣地，但在 1964 年却遇到了严重的缺雪问题。奥地利政府派出军队，从阿尔卑斯山上采雪下山，利用卡车将 2 万块冰砖运送到雪橇比赛赛场上，同时将 4 万立方米的雪铺到高山滑雪的赛场，还另外准备了 2 万立方米的雪，作为预备不时之需。组委会还特地从美国运来 6 部造雪机，在比赛场地边待命，一旦雪融化，准备立刻造雪备用。但是比赛开幕前的十天，一场大雨将这一切泡汤，军人再次将比赛场地清理，就这样因斯布鲁克的人造奥运雪场才终于准备就绪。在本届冬奥会上，东德和西德联合组成一个德国代表团参加，具有深远的政治意义。苏联女子选手斯科布利科娃在速度滑冰比赛中所向无敌，包办全部 4 枚金牌，成为冬季奥运会历史上第一位在一届比赛中赢得 4 枚金牌的运动员。2012 年，首届冬季青年奥林匹克运动会也在因斯布鲁克举行。

1964 年因斯布鲁克冬奥会奖牌

1964 年因斯布鲁克冬奥会官方证书

链接：冬季两项（Biathlon）

冬季两项起源于斯堪的纳维亚半岛，由远古时代的滑雪狩猎演变而来，中世纪开始逐渐纳入军事训练科目。1767 年挪威边防军滑雪巡逻队举行了滑雪射击比赛，据记载，这是世界上最早的冬季两项比赛。该项目比赛时，运动员要脚穿滑雪板，手持滑雪杖，携带枪支，沿标记的滑道，按正确的方向和顺序滑完预定的全程。个人赛采用单人出发，间隔时间为 30 秒或 60 秒；接力项目第一棒采用集体出发，以后则在交接区接棒出发。男子 20 公里和女子 15 公里射击 4 次，射击姿势及顺序为卧射、立射、卧射、立射，每次 5 发子弹。男子 10 公里、女子 7.5 公里和男、女 4×7.5 公里接力均射击两次，射击姿势及顺序为卧射、立射，个人赛每次 5 发子弹，接力赛每人每次 8 发子弹。冬季两项于 1924 年被列为冬奥会表演项目，1960 年被列为冬奥会正式比赛项目并定名为冬季两项。

1964 年因斯布鲁克冬奥会参与奖章

1964 年因斯布鲁克冬奥会官方迷你版奥林匹克誓言

世界上只有想和不想，没有能和不能。追寻自己的脚步，倾听自己的内心。不乱于心，不困于世，找到自己的方向。

——王濛

2006年、2010年两届冬奥会短道速滑冠军

1968 年　第十届法国格勒诺布尔冬奥会

概况：第十届冬季奥林匹克运动会于 1968 年 2 月 6 日至 18 日在法国格勒诺布尔举行。格勒诺布尔是法国东南部一座古老的城市，它的历史可远溯到古罗马时期。格勒诺布尔地近阿尔卑斯山，地势高 210 米，伊泽尔河穿城而过，城市主要部分在河左岸平原上，是法国山区交通中心，工业与旅游业均发达。本届冬奥会上，一个滑雪的小卡通人物被确定为本届冬奥会的非正式吉祥物；国际奥委会医学委员会在性别和尿样两个方面进行检测，这也是第一次在奥运会赛场上进行这两个项目的检测；本届冬奥会还第一次采用彩色电视信号转播。共有来自 37 个国家和地区的 1158 名运动员参加了比赛。

国际奥委会定制 1968 年格勒诺布尔冬奥会纪念鼻烟盒

1968 年格勒诺布尔冬奥会吉祥物

链接：北欧两项（Nordic combined）

北欧两项起源于北欧，由越野滑雪和跳台滑雪组成，20 世纪初北欧两项开始向世界推广。北欧两项比赛对运动员的着装、比赛器械的尺寸等均有标准。比赛按跳台滑雪、越野滑雪的顺序进行，跳台滑雪高度为 90 米，越野滑雪为 15 公里。个人赛第一天进行跳台滑雪，每人跳两次，以姿势分和距离分计算总成绩。第二天进行越野滑雪，跳台滑雪成绩最好的运动员第一个出发，以运动员到达终点的顺序排列名次。团体赛跳台滑雪各队 4 名运动员依次出发，得分方法同个人赛。越野滑雪时，跳台滑雪成绩最好的队首先出发，以第四名运动员到达终点的顺序排定名次。北欧两项于 1924 年被列为冬奥会比赛项目，团体赛于 1988 年冬奥会增选进北欧两项的比赛项目。

1968 年格勒诺布尔冬奥会参与奖章

Xes JEUX OLYMPIQUES D'HIVER 1968

D

PASSEPORT OLYMPIQUE

Titulaire : WILLY J. SCHAEFFLER

Nation : U.S.A

Appartenance : F.I.S.

Qualité : JUGE

VO

R

DA | F | S | B | Bb | L | PA | PV | H

1968 年格勒诺布尔冬奥会官方注册身份卡

1972 年　第十一届日本札幌冬奥会

概述：1972 年日本札幌第十一届冬季奥运会是冬奥会第一次在欧洲和美国以外的地区举办，也是亚洲首次举办冬奥会。在本届冬奥会上，职业运动员的参赛问题再次成为焦点，国际奥委会严禁参加比赛的运动员接受任何金钱酬劳，否则视为职业运动员取消资格。以雪雄笠屋为首的 3 名日本选手在 70 米跳台滑雪中包下了全部奖牌。雪雄笠屋也成为亚洲第一个冬季奥运会金牌获得者。本届冬奥会共有来自 35 个国家和地区的 1006 名运动员参加了比赛。

1972 年札幌冬奥会火炬

1972 年札幌冬奥会参与奖章

链接：单板滑雪（Snowboarding）

单板滑雪起源于20世纪60年代中期的美国，其产生与冲浪运动有关。1983年举行了首届世界锦标赛，1990年成立国际单板滑雪联合会（ISF）。单板滑雪于1998年被列为冬奥会比赛项目，由男子回转、女子回转、大回转、平行回转、平行大回转、U形场地技巧、多人雪道障碍赛和单板空中技巧等14个小项组成。

1972年札幌冬奥会官方参与纪念徽章

1972年札幌冬奥会火炬手纪念章

1976 年　第十二届奥地利因斯布鲁克冬奥会

概述：1976 年冬季奥运会的举办权本来被国际奥委会授予了美国丹佛，但丹佛所在的科罗拉多州州民以及丹佛的市民都反对政府发行公债来筹集冬奥会举办资金，丹佛于是在 1972 年 11 月 15 日向国际奥委会表示放弃本届冬奥会的承办权。奥地利因斯布鲁克随即向国际奥委会递出申请，愿意接手。本届冬奥会于 1976 年 2 月 4 日至 15 日举行，来自 37 个国家和地区的 1123 名运动员参加了比赛，这也是因斯布鲁克第二次举办冬奥会。为此，主会场矗立着两座火炬塔，一座是 12 年前的，一座是新建的，以示纪念。

1976 年因斯布鲁克冬奥会吉祥物

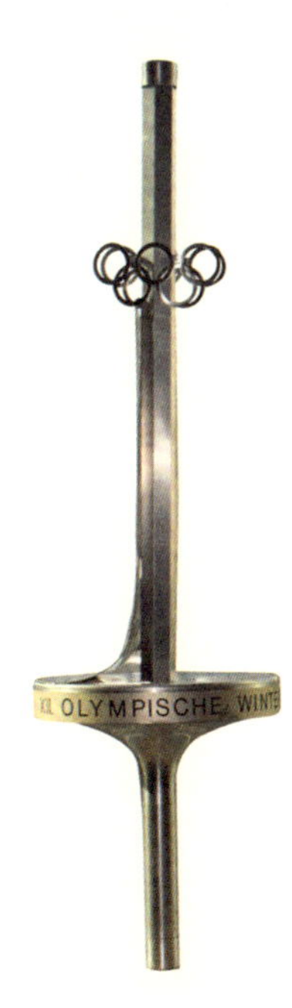

1976 年因斯布鲁克冬奥会火炬

链接：自由式滑雪（Freestyle skiing）

自由式滑雪始于20世纪60年代的美国，1971年在美国新罕布什尔州举行世界上第一次正式的自由式滑雪比赛。自由式滑雪中的空中技巧始于20世纪初，1928年美国卡尔顿成为世界上第一个穿着滑雪板完成雪上空翻动作的运动员。自由式滑雪于1988年被列为冬奥会表演项目，1992年该项目中的雪上技巧被列为冬奥会正式比赛项目，1994年空中技巧被列为冬奥会比赛项目。

1976年因斯布鲁克冬奥会参与奖章

1976年因斯布鲁克冬奥会官方成绩册

1980 年　第十三届美国普莱西德湖冬奥会

概述：本届冬奥会于 1980 年 2 月 13 日至 24 日举行，普莱西德湖成为继圣莫里茨和因斯布鲁克之后第三个举办过两届冬奥会的城市。共有 37 个国家和地区参加了本届冬奥会比赛，运动员总人数为 1072 人，其中女运动员 233 人，男运动员 839 人。本届冬奥会项目除增加冬季两项 10 公里个人赛外，其余均与上届相同，大会共设 6 个大项 38 个小项的比赛。本届冬奥会赛区比较分散：滑冰、冰球在奥林匹克中心冰场，滑雪在怀特菲斯山，跳雪在英特维尔雪场，现代冬季两项和雪橇在霍文伯格山。中国、哥斯达黎加和塞浦路斯是第一次参加。本届冬奥会最具传奇色彩的是美国速滑运动员埃里克·海登一人获得了从 500 米到 1 万米的全部五个比赛的金牌，并且刷新了这些项目的冬奥会记录，成为历史上在一届冬奥会上获得五枚金牌的第一人！本届冬奥会的徽章、吉祥物等收藏品受到了广泛的欢迎，奥运村附近经常可以看到交换和买卖收藏品的爱好者，从本届冬奥会开始，参与奥林匹克收藏的人群逐渐增多。1979 年 11 月 26 日，国际奥委会表决恢复了中国奥委会在国际奥委会中的合法地位，1980 年冬奥会也成为新中国在重返奥运大家庭之后参加的首届奥运会。我国代表团由吉林省、黑龙江省和解放军的 28 名运动员和 6 名教练员组成，参加了速度滑冰、花样滑冰、越野滑雪、高山滑雪和冬季两项的 5 个大项比赛。虽无一人成绩进入前八名，但是起到了开阔视野、增加比赛经验的目的。

链接：越野滑雪（Cross-country skiing）

越野滑雪起源于北欧，故又称北欧滑雪。越野滑雪比赛路线分上坡、下坡、平地，各占全程的三分之一。单项比赛出发时，每次1人，间隔30秒，顺序由抽签决定，以到达终点的时间确定名次。接力项目比赛时，集体出发，道次由抽签决定，以每队队员滑完全程的时间之和计算成绩和名次。越野滑雪于1924年被列为冬奥会比赛项目。

1980年普莱西德湖冬奥会火炬

1980年普莱西德湖冬奥会官方海报

1980年普莱西德湖冬奥会官方总结报告

1980 年普莱西德湖冬奥会纪念瓷盘

1980 年普莱西德湖冬奥会吉祥物

1980 年普莱西德湖参与奖章

你也许不是最好的，也可以不是最优秀的，可你的决心和坚定不移的信念，总会让人们记住你！

——孙琳琳

2010 年温哥华冬奥会短道速滑接力冠军

1984 年　第十四届南斯拉夫萨拉热窝冬奥会

概述：本届冬奥会是迄今为止唯一在社会主义国家举办的冬季奥运会。南斯拉夫的萨拉热窝（现为波黑共和国首都）击败日本札幌和瑞典法伦 / 哥特堡获得了第十四届冬奥会的举办权。比赛于 2 月 8 日至 19 日举行，南斯拉夫国民对这次冬奥会来到萨拉热窝非常重视，以极大的热诚欢迎各国运动员。当时没有任何人预料到，几年后，这座美丽的城市会陷入战争的火海中。东道主运动员弗兰柯在大回转比赛中赢得一枚银牌，成为南斯拉夫历史上第一位获得冬奥会奖牌的运动员。时任国际奥委会主席的萨马兰奇对本届冬奥会给予了高度评价，认为这届冬奥会是“60 年历史上开得最好、最精彩的一届”。本届冬奥会也是中国代表团第二次参加冬奥会，共派出 37 名运动员参加 26 个单项的比赛。中华台北队也有 14 名运动员参加本届冬奥会，这是海峡两岸中国选手第一次同时出现在奥运赛场上。

1984 年萨拉热窝冬奥会参与奖章

1984 年萨拉热窝冬奥会纪念瓷盘

1984 年萨拉热窝冬奥会佩章

链接：高山滑雪（Alpine skiing）

高山滑雪，起源于阿尔卑斯山地域，又称“阿尔卑斯滑雪”或“山地滑雪”。高山滑雪主要分速度系列和技术系列两部分。比赛均在海拔 1000 米以上的高山进行。比赛要求起点和终点的垂直高度为 800—1000 米。速度系列分速降和超级大回转。比赛按一次滑行成绩决出名次。滑降道落差最大，距离也最长，最高时速达 130 公里。超级大回转由于旗门数较多，速度稍慢。技术系列分大回转和回转。名次按两次成绩合计计算。大回转距离是回转的两倍以上，对速度和技术都有要求。回转旗门数男子为 55—75 个，女子为 45—65 个。高山滑雪于 1936 年被列为冬奥会比赛项目。

1984 年萨拉热窝冬奥会火炬

1984 年萨拉热窝冬奥会吉祥物

1988 年　第十五届加拿大卡尔加里冬奥会

概述：本届冬季奥运会于 1988 年 2 月 13 日至 28 日举行，大会首次将比赛时间延长到 16 天，横跨 3 个周末。共有来自 57 个国家和地区的 1423 名运动员参加了比赛。在这届盛会上，一些新的项目加入到冬季奥运会的争夺中来，高山滑雪的超级大回转和高山结合项目首次成为冬奥会的比赛项目。北欧两项和跳台滑雪的团体项目也成为冬奥会的正式比赛项目。速度滑冰比赛首次从室外场地移到室内体育场地以绕圈的方式进行。有趣的是，来自民主德国的罗滕布格尔获得了 1000 米速滑比赛冠军后，又在同年举行的汉城奥运会上获得了自行车比赛的银牌，她也成为在同一年赢得冬夏两届奥运会奖牌的唯一一位运动员。本届冬奥会中国代表团共派出 15 名运动员参加了速滑、花样滑冰、越野滑雪 3 个项目的比赛。同时，还派出了 4 名运动员参加了短道速滑表演项目的比赛，李琰获得了 1000 米比赛的金牌！虽然仅是表演项目，但中华人民共和国国歌第一次在冬奥会赛场上奏响。

1988 年卡尔加里冬奥会“神龙腾飞”海报

1988 年卡尔加里冬奥会官方总结报告

链接：跳台滑雪（Ski jumping）

跳台滑雪相传起源于挪威古时统治者对犯人的一种刑罚。1860年挪威德拉门地区的两位农民在奥斯陆举行的首届全国滑雪比赛上表演了跳台飞跃动作，后逐渐成为一个独立项目并得到广泛开展。1879年在奥斯陆举行了首届跳台滑雪比赛。根据国际滑雪联合会规定，在冬季奥运会及世界滑雪锦标赛的跳台滑雪比赛中，设有70米级和90米级两个项目。跳台助滑道的坡度为35—40度，长度为80—100米，由于跳台助滑道的坡度及起跳端的仰起角度等不同，加上气温、温度、风向、风力及雪质等自然条件的差异，跳台滑雪比赛项目只有最好成绩，不设世界纪录。跳台滑雪比赛中的跳台由助滑坡、着陆坡、停止区组成，滑雪者使用长2.30—2.70米、宽11.5厘米，板底有3—5个方向槽的专用跳台滑雪板，不带雪杖，不借任何外力，从起滑台起滑，在助滑路上取得较高速度后，在台端引伸跳跃，身体和雪板保持锐角状态在空中飞行，在着陆坡着陆后，继续滑行至停止区停止。成绩根据从台端到着陆坡的飞行距离和动作姿势评断。跳台滑雪于1924年被列为冬奥会比赛项目。

1988年卡尔加里冬奥会吉祥物

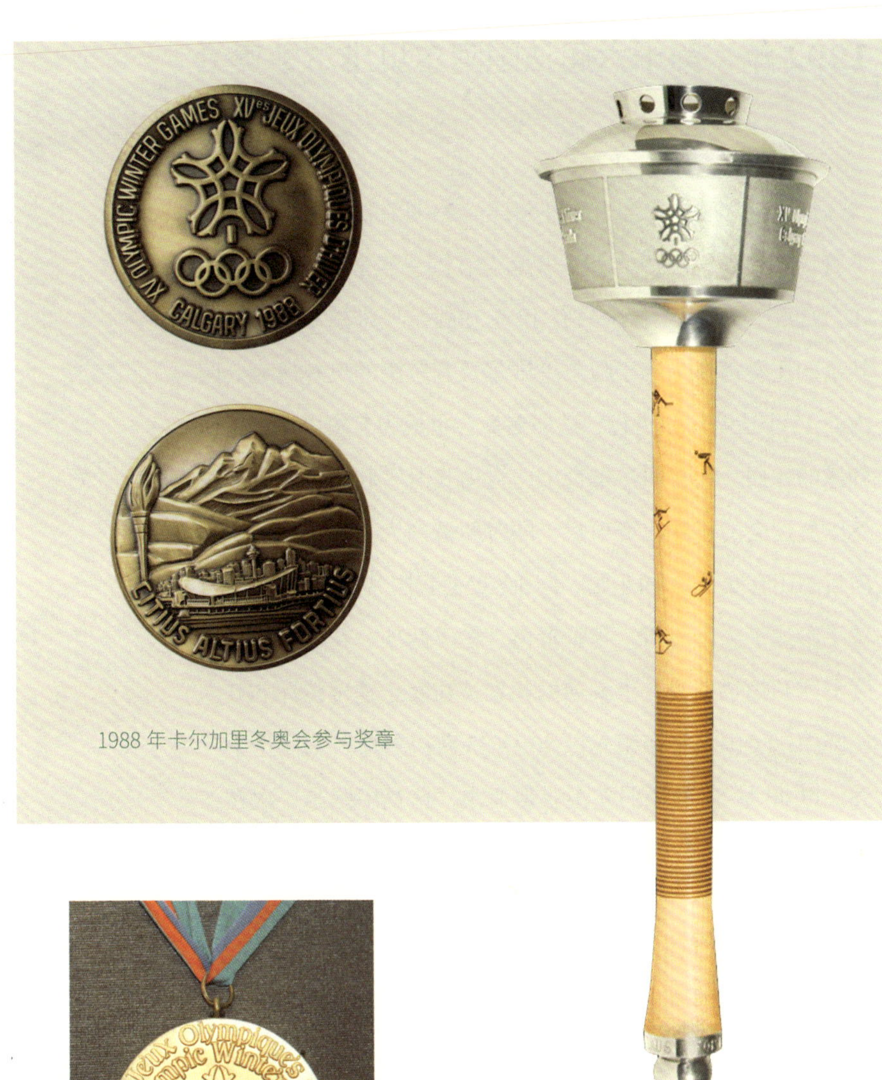

1988 年卡尔加里冬奥会参与奖章

1988 年卡尔加里冬奥会火炬

1988 年卡尔加里冬奥会金牌

1992 年　第十六届法国阿尔贝维尔冬奥会

概述：本届冬奥会于 2 月 8 日至 23 日在法国阿尔贝维尔举行，这也是最后一次与夏季奥运会在同一年举行的冬奥会。在全部 57 个比赛项目中只有 18 个在阿尔贝维尔本地举行，其余的比赛都在分布于阿尔贝维尔及其东南的奥林匹克公园内的 13 个比赛场馆进行，这届冬奥会也成为有史以来场地最分散的一届。在本届冬奥会中，自由式滑雪和短道速滑成为冬季奥运会的正式比赛项目，同时新被列为冬奥会正式比赛项目的还有女子冬季两项。本届冬奥会我国共派出 33 名男女选手参加了高山滑雪、越野滑雪、冬季两项、花样滑冰、速度滑冰和短道速滑 6 个大项的比赛。在女子速度滑冰 500 米比赛中，美国名将布莱尔以 40 秒 33 获得冠军，我国选手叶乔波以 40 秒 51 的微弱差距获得亚军，这是中国第一次在冬季奥运会上取得奖牌，实现了奖牌“零的突破”！

1992 年阿尔贝维尔冬奥会火炬

1992 年阿尔贝维尔冬奥会水晶摆件

1992 年阿尔贝维尔冬奥会参与奖章

1992 年阿尔贝维尔冬奥会吉祥物

1994 年　第十七届挪威利勒哈默尔冬奥会

概述：经国际奥委会投票决定，自第十七届冬奥会开始，将夏季和冬季奥运会的比赛时间错开，间隔两年举行。为了迎合这一改变，1994 年的挪威利勒哈默尔冬季奥运会在与 1992 年法国阿尔贝维尔冬季奥运会间隔两年后再次举行，这也是唯一一次间隔时间只有两年的两届冬奥会。尽管如此，本届奥运会的组织工作仍然取得了极大的成功，挪威人对冬季运动项目的热爱也为这届冬奥会增加了不少的激情。本届大会于 1994 年 2 月 12 日至 27 日举行，来自 67 个国家和地区的 1737 名运动员参加了比赛。在赛前举行的火炬接力活动中，我国著名速滑运动员王秀丽代表中国在挪威参加了圣火传递，这也是中国人

1994 年利勒哈默尔冬奥会参与奖章

第一次参加冬奥会火炬接力活动。本届冬奥会中国奥委会选派了 27 名运动员、教练，30 名职员，组成了 57 人的代表团，由袁伟民担任团长，赵常态、屠铭德任副团长。参加了速度滑冰、短道速滑、花样滑冰、现代冬季两项等项目的竞赛，在比赛中运动员们不负众望，又获得了 3 枚奖牌。

1994 年利勒哈默尔冬奥会吉祥物

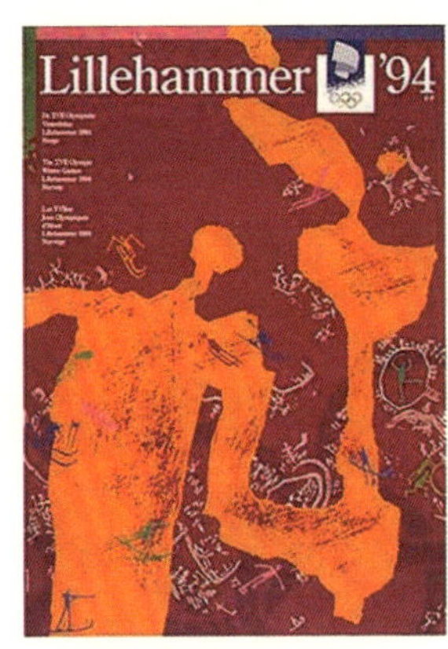

1994 年利勒哈默尔冬奥会官方海报

1994 年利勒哈默尔冬奥会门票一组

1994 年利勒哈默尔冬奥会中国代表团手册

1994 年利勒哈默尔冬奥会纪念瓷盘

只要意志坚定，就没有做不到的事。

——周洋

2010 年、2014 年两届冬奥会短道速滑冠军

1998 年　第十八届日本长野冬奥会

概述：本届冬奥会于 1998 年 2 月 7 日至 22 日在日本长野举办。单板滑雪第一次成为冬奥会的比赛项目，冰壶也重新成为冬奥会的正式比赛项目，并且冰球比赛第一次向职业运动员开放。来自 72 个国家和地区的 2176 名运动员参加了比赛。本届冬奥会的吉祥物是 4 只颜色各异的猫头鹰，这也是目前为止冬奥会史上吉祥物最多的一次。年仅 15 岁的美国运动员利平斯基赢得女子花样滑冰个人赛金牌，超越索尼娅·海妮成为最年轻的冬奥会个人项目金牌得主。中国代表团共有 60 名运动员参加了短道速滑、速滑、花样滑冰、女子冰球、冬季两项、自由式滑雪和越野滑雪 7 个大项的比赛。中国冰雪健儿团结奋战，出现了许多感人的场面。尤其在短道速滑项目上，在男女 6 个项目中，项项都有奖牌

1998 年长野冬奥会火炬

1998 年长野冬奥会参与奖章

进账：女选手杨阳在与队友联手夺得接力项目的银牌之后，又夺得女子 500 米和 1000 米两枚银牌，成为当时历届冬奥会夺得奖牌最多的中国选手；男选手李佳军在长期尿血身体欠佳的状况下，顽强拼搏，为中国队夺得 1000 米银牌，成为中国冬奥史上获得男子奖牌的第一人；17 岁的小将安玉龙在男子 500 米比赛中也勇夺银牌，此外，他还和队友在 5000 米接力赛中，勇敢挑战加拿大和意大利等老牌劲旅，获得铜牌；中国花样滑冰名将陈露，也获得 1 枚来之不易的铜牌；自由式滑雪女运动员徐囡囡获得空中技巧项目的银牌，成为我国在雪上项目中夺得冬奥会奖牌的第一人。

1998 年长野冬奥会吉祥物

1998 年长野冬奥会冠军签名画册

1998 年长野冬奥会纪念明信片

侯琨与本书顾问之一、以色列收藏家 Shlomi
在 1998 年长野冬奥会主体育场外留念

1998 年长野冬奥会中国代表团手册

2002 年　第十九届美国盐湖城冬奥会

概述：第十九届冬季奥运会于 2002 年 2 月 8 日至 24 日在美国犹他州盐湖城举行，本届冬奥会共设有 78 项比赛，俯式冰橇重新成为冬奥会的比赛项目，加上新增的女子有舵雪橇项目，比起上一届的长野冬季奥运会多出 10 项。来自 77 个国家和地区的 2399 名运动员参加了本届盛会。发生在 2001 年的纽约 9·11 恐怖袭击事件，令本届冬奥会成为历史上安保要求最高的一届冬奥会。挪威人比约·达伦在冬季两项的所有四个单项中均夺得金牌，使其成为本届冬奥会获得金牌最多的运动员。来自中国的龚智超、楼大鹏等 15 名火炬手参加了本届冬奥会的火炬接力活动。本届冬奥会中国奥委会共派出了 72 名运动员参赛。在短道速滑女子 500 米决赛中，中国队的杨扬击败了保加利亚的叶夫根尼亚·拉达诺娃和队友王春露，夺取了冠军，为中国获得了第一枚冬奥会金牌，实现了金牌“零的突破”！此后，她又与队友一起获得了女子 3000 米接力的银牌，并在女子 1000 米比赛中再夺金牌！最终，中国队共取得 2 金 2 银 4 铜的好成绩，在奖牌榜上名列第 13 名。

2002 年盐湖城冬奥会火炬

2002 年盐湖城冬奥会参与奖章

2002 年盐湖城冬奥会中国代表团手册

2002 年盐湖城冬奥会吉祥物

2002 年盐湖城冬奥会冠军杨扬签名封

2002 年盐湖城冬奥会中国代表团领奖服

2006 年　第二十届意大利都灵冬奥会

概述：2006 年都灵第二十届冬季奥运会上，共有来自 80 个国家和地区的 2508 名运动员参与了比赛的争夺，其中有 26 个国家在奖牌榜上有名。本届冬奥会共设有 84 个小项，比上届增加了 6 项。我国花样滑冰世界冠军陈露、中国首枚冬奥会奖牌获得者叶乔波等 53 人代表中国区火炬手赴意大利参加了火炬传递活动。本届冬奥会中国代表团共有 76 名运动员参加了短道速滑、速滑、花样滑冰、冬季两项、自由式滑雪、越野滑雪、高山滑雪、跳台滑雪和单板滑雪 9 个大项的比赛。韩晓鹏在自由式滑雪男子空中技巧项目中夺得了金牌，这也是我国在雪上项目中夺得的首枚冬奥会金牌。

2006 年都灵冬奥会参与奖章

2006 年都灵冬奥会纪念瓷杯

2006 年都灵冬奥会中国代表团手册

2006 年都灵冬奥会火炬

2006 年都灵冬奥会吉祥物

2010 年　第二十一届加拿大温哥华冬奥会

概述：第二十一届冬奥会于 2010 年 2 月 12 日至 2 月 28 日在加拿大温哥华市举办，历时 16 天。本届冬奥会设 7 个大项、15 个分项、86 个小项比赛。比赛共在 3 个地方举行，分别是温哥华以及小城里士满、距温哥华 120 公里以外的惠斯勒雪山、距温哥华 30 多公里以外的塞普里斯雪山。开幕式在卑斯体育馆举行，这是奥运史上首次在室内举行的开幕式。东道主加拿大队发挥出色，夺得得了 14 金 7 银 5 铜，打破了之前冬奥会一国 13 金的记录。本届冬奥会中国代表团派出了 91 位运动员参加短道速滑、速滑、花样滑冰、女子冰球、冰壶、冬季两项、自由式滑雪、越野滑雪、高山滑雪和单板滑雪 10 个大项的比赛，最终中国代表团在本届冬奥会获得了 5 金 2 银 4 铜的成绩，在奖牌榜上名列第 7 位。值得一提的是，本届冬奥会中国女子短道速滑队包揽了全部 4 枚金牌，王濛更是一举夺得 3 枚金牌。而花样滑冰双人项目也取得了历史性突破，申雪和赵宏博终于获得了期待已久的冬奥会金牌。

2010 年温哥华冬奥会吉祥物

2010 年温哥华冬奥会参与奖章

2010 年温哥华冬奥会中国代表团手册

2010 年温哥华冬奥会中国代表团徽章

2010 年温哥华冬奥会火炬

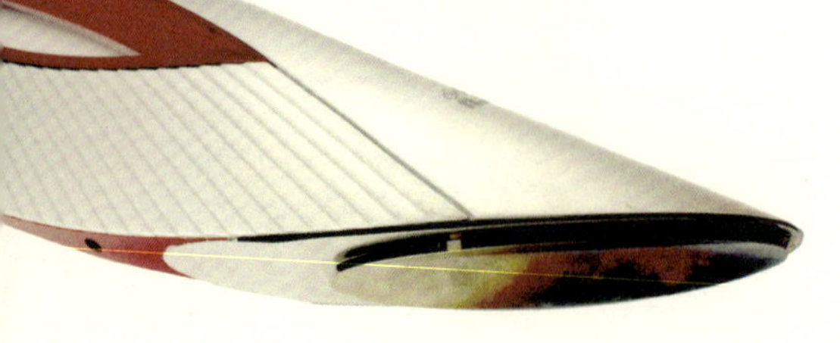

2014 年　第二十二届俄罗斯索契冬奥会

概述：第二十二届冬奥会于 2014 年 2 月 7 日至 2 月 23 日在俄罗斯索契隆重举行，这也是俄罗斯历史上首次举办冬奥会。除 3 名来自印度的运动员以个人身份参赛外，共有来自 88 个国家和地区的 2800 名运动员参加了比赛。本届冬奥会共设 15 个大项、98 个小项。本届冬奥会火炬传递的最大亮点是冬奥火炬首次太空漫步，创造了历史。代表俄罗斯出战的前韩国冬奥会冠军安贤洙在短道速滑比赛中再创辉煌，夺得 3 金 1 铜，成为夺得金牌和奖牌数最多的男运动员，也成了本届冬奥会的焦点人物。本届冬奥会中国代表团派出了 66 名运动员参加短道速滑、速滑、花样滑冰、女子冰球、冰壶、冬季两项、自由式滑雪、越野滑雪、高山滑雪和单板滑雪 10 个大项的比赛，共获得 3 枚金牌、4 枚银牌和 2 枚铜牌，在奖牌榜上列第 12 位。中国国家主席习近平出席了开幕式，这是中国最高领导人首次出席在境外举行的大型体育赛事开幕式。

2014 年索契冬奥会参与奖章

2014 年索契冬奥会中国奥委会官方徽章

2014 年索契冬奥会中国代表团手册

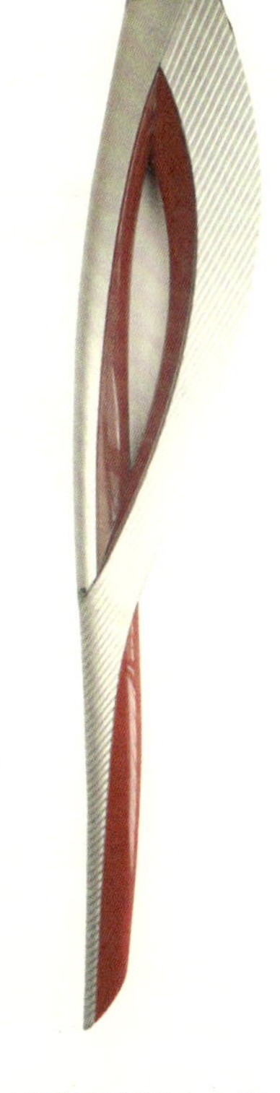

2014 年索契冬奥会火炬

2014 年索契冬奥会门票一组

2014 年索契冬奥会俄罗斯发行的纪念纸币

2014 年索契冬奥会吉祥物

2018 年　第二十三届韩国平昌冬奥会

概述：2011 年 7 月 6 日在南非德班举行的国际奥委会第 123 次全会上，韩国平昌击败德国慕尼黑和法国安纳西获得 2018 年冬奥会的主办权。这是韩国首次举办冬季奥林匹克运动会，韩国也将成为继美国、德国、法国、意大利和日本之后，世界上第 6 个举办过夏季奥运会、世界杯足球赛、冬季奥运会 3 项大赛的国家。本届冬奥会将于 2018 年 2 月 9 日至 25 日举行。

2018 年平昌冬奥会会徽

侯琨在首尔奥林匹克博物馆向韩国奥委会官员赠送助力 2018 年平昌冬奥会签名五环旗

2002—2014 年历届冬季奥运会

中国冠军榜

中国冠军榜

2002 年盐湖城冬奥会　短道速滑女子 500 米　杨扬

2002 年盐湖城冬奥会　短道速滑女子 1000 米　杨扬

2006 年都灵冬奥会　短道速滑女子 500 米　王濛

2006 年都灵冬奥会　自由式滑雪男子空中技巧　韩晓鹏

2010 年温哥华冬奥会　短道速滑女子 500 米　王濛

2010 年温哥华冬奥会　短道速滑女子 1500 米　周洋

2010 年温哥华冬奥会　短道速滑女子 3000 米接力

中国队（王濛 / 周洋 / 孙琳琳 / 张会）

2010 年温哥华冬奥会　短道速滑女子 1000 米　王濛

2010 年温哥华冬奥会　花样滑冰双人滑　申雪 / 赵宏博

2014 年索契冬奥会　短道速滑女子 500 米　李坚柔

2014 年索契冬奥会　速度滑冰女子 1000 米　张虹

2014 年索契冬奥会　短道速滑女子 1500 米　周洋

附录一

体育博物馆简介

瑞士洛桑奥林匹克博物馆及国际奥林匹克博物馆联盟简介

The Olympic Museum in Lausanne

The leading Museum among the Olympic Museums in the world

In the first decades of the IOC office's presence in Lausanne, no much material from Olympic Games was neither received nor stored. A basic Museum was created by Pierre de Coubertin with its archives and was hosted in the "Villa de Mon-Repos" where the IOC had its office. The first small Olympic Museum opened to the public was installed in Lausanne, at late IOC President Samaranch's request, in a building at the Avenue Ruchonnet, near the railway station of Lausanne. But late President Samaranch had always had in mind to build a modern Olympic Museum; for this, the IOC had first to find a good place. When the opportunity came to buy one such place in Ouchy, on the border of the Lac Léman just south of the City of Lausanne, the IOC bought it. And when a second opportunity came to buy a surface just nearby, the IOC bought the estate: now there was enough land to build a modern Olympic Museum!

Inauguration in 1993

The inauguration of the Olympic Museum in Lausanne, as the result of late IOC President Samaranch's will and enthusiasm, took place on 23 June 1993. Since that date, many hundreds of thousand visitors from all countries in the world did visit the Olympic Museum of Lausanne!

During 22 months in 2011-2013, a deep renovation inside the Olympic Museum was conducted, bringing finally some 1,000 sqm more for the exhibitions. The official inauguration ceremony took place on 10 December 2013 with the presence of the former IOC President Jacques Rogge and the newly elected IOC President Thomas Bach. The opening to the visitors was on the 21st of December 2013. The existing building was largely renovated inside, giving extended surfaces for the permanent and temporary exhibitions. The most modern video and computer research technologies were chosen, to make the Olympic Museum a true museum of the 21 century. The visitors are now appreciating this most modern museum devoted to the Olympic Games: while the first one was organized in a chronological way (one Olympic Game after each other, Summer and Winter), the new Museum is built on a thematic basis (Antiques Games, Pierre de Coubertin, Medals, Olympic Villages, etc.). A temporary exhibition hall allows people to present exhibitions on specific topics.

2006: the Olympic Museums Network is founded

Founded on 7 September 2006 in Lausanne under the leadership of IOC Presidents Rogge and Samaranch, and at the initiative of the Lausanne Olympic Museum, the Olympic Museums Network (OMN) was established with 11 founding members. The aim was to find ways of working together on useful synergies and joint projects to develop in order to improve the quality and to share the costs. This group of institutions has the same ultimate goal to grow together and to create a unique platform for the global Olympic Movement. Over the past 9 years, the OMN has helped in the acquisition market and in dealing with

the collections, exchanges, co-productions, educational programs, publications, etc. The Chairman of the OMN is Mr Francis Gabet, manager of the Olympic Museum in Lausanne and of the IOC Heritage and Cultural Department at IOC HQ in Lausanne.

Today, the following cities in the world have their own Olympic Museum: Lausanne (Switzerland), Beijing (China), Cologne (Germany), Tartu (Estonia), Gothenburg (Sweden), Seoul (Korea), Barcelona (Spain), Warsaw (Poland), Lillehammer (Norway), Richmond (Canada), Singapore, Hofstade (Belgium), Tel Aviv (Israel), Helsinki (Finland), Thessaloniki (Greece), Tianjin (China) and Xiamen (China). Olympic Museums under construction are in Rio de Janeiro (Brasil), Doha (Qatar), and the Samaranch Memorial (China).

Jean-Louis Emmenegger

全国各地体育博物馆简介

中国体育博物馆

中国体育博物馆位于北京市安定路国家奥林匹克体育中心东南角，整个建筑呈八角扇形张开，螺旋式上升，象征着中国体育事业的发展。1990年9月22日，中国体育博物馆正式开馆，它经过了十年漫长的孕育过程，从国家体委“七五”制定计划到实施，整个过程得到了国家的支持和时任国际奥委会主席萨马兰奇先生的关注，得到了霍英东先生的慷慨捐赠，许许多多幕后英雄为此付出了辛勤劳动和汗水。如今它以独特的风格，占地7100平方米的规模，并以中国古代体育、中国近代体育、中华人民共和国体育成就、民族体育几个主题，展示了中国体育发展的辉煌成就。

落成之后，中国体育博物馆还举办各种临时展览，如第十一届亚运会国际体育集邮展览（共展出30个国家和地区的207部共1374展框邮票，是亚洲规模最大的专题邮展）、弘扬北京亚运精神巡回展览、申办2000年奥运会展览、奥林匹克运动百年展、中国健儿在巴塞罗那、开放的中国盼奥运等。现在，博物馆新馆建设工作正在紧锣密鼓地进行着，让我们共同期待中国体育博物馆新馆的早日落成！

陕西体育博物馆

陕西体育博物馆是一座免费开放的体育类公益性博物馆，2007年由陕西省发改委批准立项，2008 年 5 月开工建设。博物馆陈展总面积 1987 平方米，馆藏品 792 件。

内部基本陈列厅展示了陕西古代体育、近代体育、红色体育及当代体育的发展进程。体育精品展厅内容为陕西体育明星像，陕西运动员在国内外重大赛事中获得的奖牌、奖杯、证书等。体育互动体验区主要布设古代体育、现代体育和体育科普体验项目。在博物馆藏品中，有珍贵的国家一级文物隋朝青瓷相扑俑，它堪称该体育博物馆的镇馆之宝。

全国各地体育博物馆简介

南京奥林匹克博物馆

南京奥林匹克博物馆位于南京青奥村北边、青奥文化体育公园地下一层，建筑面积 7896 平方米，展出面积 5034 平方米。博物馆的建设工作由南京奥林匹克博物馆建设工作领导小组统筹，南京市建邺区人民政府和南京河西管委会具体实施。2014 年 7 月，国际奥委会批准博物馆使用“奥林匹克博物馆”的名称，使之成为国内第四家奥林匹克专题博物馆。

南京奥林匹克博物馆展览的主题为“百年薪火，青春南京”，展览各种展品近 600 件（组）、照片近 400 张、雕塑（含蜡像）6 个、多媒体点位 29 个（其中互动点位 5 个）、互动娱乐项目 4 个。展品来源包括南京青奥组委提供、社会各界捐赠以及从洛桑奥林匹克博物馆、中国体育博物馆、萨马兰奇纪念馆等知名奥林匹克博物馆借展。自 2014 年 3 月在各大媒体刊登展品征集公告以来，博物馆共收到捐赠物品 736 余件，其中包括 20 位江苏籍的

奥运冠军捐赠的201件物品。

南京奥林匹克博物馆由序厅和五大展厅组成。序厅中悬挂了中国五位国家领导人参与体育活动的照片，记录了党和国家领导人对中国体育事业的关怀与重视。由高级工艺美术师、南京大学金陵学院院长李栋宁牵头创作的大型浮雕《文献》，体现了历史与人本、文献与运动、哲思与激情的相互构筑，可谓开启博物馆大门的钥匙。五大展厅是：奥林匹克知识展厅，介绍了奥林匹克运动的起源、历史、奥林匹克大家庭等，介绍了国际奥委会的历任主席，还有堪称“镇馆之宝”的现代奥林匹克运动之父顾拜旦男爵的亲笔手稿；中国与奥林匹克展厅，以丰富多彩的形式详细介绍了中国奥林匹克事业发展的历程以及2008年北京奥运会的盛况；江苏（南京）与奥林匹克展厅，陈列了近现代江苏南京参与奥林匹克事业的轨迹、20位江苏籍奥运冠军捐赠的精品藏品、2005年在江苏南京举行的第十届全国运动会的盛况，还有南京青奥会的申办、筹备过程及相关的群众文化教育活动等内容；3D尾厅和互动体验区，借助3D技术打造了一场体现“激情奥运，青春南京”的视听盛宴。此外，南京奥林匹克博物馆还建有400多平方米的多功能厅，可以开办知识讲座、临时展览等文化教育活动。在青奥会期间，多功能厅举办了“迎青奥南京新景新貌摄影展”。

全国各地体育博物馆简介

厦门奥林匹克博物馆

厦门奥林匹克博物馆是由国际奥委会和中国奥委会批准成立的中国第一家奥林匹克专题博物馆，也是国际奥林匹克博物馆联盟12家成员之一，是独立的国际化非盈利性公益机构。馆内收藏了丰富的奥运会相关文物，旨在薪传奥林匹克文化、弘扬奥林匹克精神，让更多的人了解、感受和分享奥运的历史与辉煌。

博物馆呈开放结构，主体建筑分上下两层，设计上传承了瑞士洛桑奥林匹克博物馆的理念。馆内一层大厅为公共区域，配有多媒体报告厅、VIP会议室、咖啡休闲厅及可以经营国际奥林匹克和历届奥运题材的特色纪念品商店。大厅中央有一重80吨的长江碧玉原石。二层由一个序厅和四个展厅组成，大部分展品为国际奥委会执委吴经国先生20年来个人收藏的奥林匹克相关文物及纪念品，包括奥运火炬、奖牌、邮票、徽章、钱币、吉祥物等共计2000多件。博物馆地下展厅“奥林匹克艺坊”，主要举办油画、书法、摄影、雕塑等各类短期的艺术展览。

博物馆主要功能是宣传奥林匹克文化并向公众展示奥林匹克历史及珍品文物，让公众了解到更多奥林匹克信息和知识，更近距离地接触奥林匹克。体会“更快、更高、更强”使人超越自我、奋发向上的健康人生哲学及重在参与、公正、和平的精神理念。

全国各地体育博物馆简介

天津大港奥林匹克博物馆

天津大港奥林匹克博物馆是国际奥林匹克博物馆联盟成员之一，为国际奥委会批准的奥林匹克专题博物馆，是一家独立的国际化非盈利性公益机构。博物馆由国际奥委会执委、国际业余拳击联合会主席吴经国先生筹建并担任馆长。

天津大港奥林匹克博物馆旨在薪传奥林匹克文化、弘扬奥林匹克精神。其主体建筑设计传承了洛桑奥林匹克博物馆的理念，博物馆外形建筑简洁明亮，玻璃回廊更具特色，将三个展厅贯通连接，为世界首例，是独创性建筑。博物馆呈开放型结构，主体建筑分为上下两层。

全国各地体育博物馆简介

广州亚运会亚残运会博物馆

广州亚运会亚残运会博物馆位于第十六届亚组委原址——广州亚运体育文化中心，总面积约 4000 平方米，共分为亚运历史，亚运申办，亚运筹备，亚运举办，亚残运会及新广州、新形象共六个部分。共展出珍贵藏品、图片、影像资料 2000 多件（套），展示了“两个亚运、同样精彩”的辉煌盛事，诠释了亚运文化遗产，弘扬了亚运精神。

天津萨马兰奇纪念馆

萨马兰奇纪念馆坐落在中国天津市静海县团泊新城西区健康产业园，于 2013 年 4 月 21 日对外开放，是世界唯一一座得到萨马兰奇家族授权和国际奥委会批准的纪念萨马兰奇先生、传播奥林匹克精神的场馆。萨马兰奇纪念馆现为国际奥林匹克博物馆联盟正式成员，并已被列为国家 4A 级景区。

萨马兰奇纪念馆整体占地 216 亩，建筑面积约 1.9 万平方米，展区 4000 平方米，以缓坡方式延展。全程没有任何阶梯，为老年和肢体不方便的参观者提供了无障碍空间。主体建筑呈现两个圆形

交合效果，一是以“8”的形状纪念2008年北京奥运会，二是以“S”的形状代表萨马兰奇名字“Samaranch”的第一个字母，三是该形状象征着无限发展和永恒之意。建筑采用圆环与环形坡道的造型设计，将两座建筑和三个下沉式庭院有机结合起来，以这五个圆形代表了奥运五环，象征着奥林匹克运动将五大洲团结起来。

内部展区分为14个单元，展示萨马兰奇收藏的各种书籍、邮票、纪念品、艺术雕塑、绘画及与他相关的信件、照片、私人用品，以及极为珍贵的与国际奥委会相关的文献。

该纪念馆由世界知名博物馆设计顾问公司RAA进行设计，突破传统的新颖造型，通过现场复原、影像声光等展陈方式，让游客仿佛置身于科幻世界之中。

全国各地体育博物馆简介

上海体育博物馆（筹）

上海体育博物馆（筹）位于南京西路体育大厦二楼，面积500平方米。博物馆自2007年2月开始筹建，计划将于近期正式落成并对公众开放。目前已经筹集到各类体育文物两千多件，其中不乏精品和孤品。筹建中的上海体育博物馆还同一些全国体育组织、国际体育组织、知名体育博物馆、体育名人堂建立了合作关系，获得了珍贵文物500余件。

全国各地体育博物馆简介

南通体育博物馆

南通体育博物馆是南通市政府与中国体育博物馆共同投资建设的中国体育博物馆南通分馆。该馆由体育陈列室、室内游泳馆、体育活动用房等组成，建筑面积达 1.2 万平方米，总投资 4500 万元，是全国第一家收集、陈列、研究、宣传体育文物和体育史料的国家级地方专业博物馆和全国地市级建设的首家“国”字号体育博物馆。2004 年 9 月 22 日，中国体育博物馆南通分馆正式开馆。

全国各地体育博物馆简介

天津体育博物馆

天津体育博物馆位于有百年历史的民园体育场内，2015 年建成开馆，展出面积达 3000 平方米。天津体育博物馆在近两年的时间内已经征集到藏品和文史资料 1200 余件，力争打造国内一流的省级体育博物馆。体育在天津具有深厚的历史。目前征集了不乏珍贵和有价值的物品，其中有中国第一场篮球比赛的公告复印件，见证了篮球开始引进中国。有老一辈革命家包括毛泽东、周恩来、刘少奇等人关心天津体育的珍贵照片。还有跳水奥运冠军王鑫 2008 年在北京奥运会上穿的比赛服等。天津体育博物馆还将持续向社会征集，采取无偿捐赠、无偿展出和提供原件进行复印三种方式。

全国各地体育博物馆简介

北京奥运博物馆

北京奥运博物馆是北京市文物局局属全额拨款事业单位，坐落在国家体育场（鸟巢）南侧负一层，总面积约 2.3 万平方米。该馆主要承担奥运文物征集、保管、研究和爱国主义教育基地建设相关工作。博物馆以传播奥林匹克文化、振奋中华民族精神为宗旨，主要通过展览、讲座、互动活动等方式，使观众更加深刻地理解奥林匹克精神和文化，同时肩负对广大青少年开展爱国主义教育的历史重任，是一所集文化、休闲为一体的综合性体育博物馆。

全国各地体育博物馆简介

山西体育博物馆

该馆以展示山西体育历史发展脉络为设计理念，以太原市历史建筑省体育馆为依托修建而成。内部展厅面积 1200 平方米，分为上下两层，由古代体育、近现代体育、无线电体育、体育航模和奥林匹克体育文化展馆五部门组成。该馆以不同阶段体育发展为背景，以传统体育文化为基础，以体育文化和展品为支撑，展示山西体育文化内涵和历史进程。特别是无线电体育、体育航模等内容，展出了许多具有珍贵历史价值的实物，其中一些实物，是国内独有。

上海武术博物馆

上海武术博物馆于2007年11月10日在上海体育学院落成。该馆坐落在上海体育学院新综合馆内，总面积2000平方米。它是世界上第一家全方位展示武术历史与文化的博物馆。上海武术博物馆的建成对于弘扬传统文化、培育民族精神具有重要的战略意义。

上海武术博物馆是上海体育学院校园文化建设的重要组成部分，也是学校对外文化交流的主要窗口。作为上海市科普教育基地，该博物馆同时还具有青少年爱国主义教育和大众科学普及的作用。博物馆现有藏品2000余件，清代兵枪尽管年代与我们相隔不远，但现代国内博物馆中也鲜有收藏，唐代武士俑更是弥足珍贵。另外，本馆中还珍藏着在古代被奉为武林练功秘籍的武术书籍、先秦时期的青铜兵器，以及不同时期与武术有关的石雕、木刻、匾额、证章等。

全国各地体育博物馆简介

无锡何振梁与奥林匹克陈列馆

何振梁与奥林匹克陈列馆（以下简称陈列馆）是我国第一座体育名人与奥林匹克文化相结合、以体育为主题的陈列馆。它位于太湖之滨、惠山之麓，山明水秀、风景绮丽、环境优雅，它以丰富的实物馆藏陈列于世人，是奥运人文结合的典范窗口，是普及奥运知识、宏扬爱国精神的教育基地，也是绝好的旅游佳境。

自2008年5月20日开馆以来，截止到2014年底已接待了来自国内外参观、旅游者计30多万人次，别具特色的建筑和装饰、丰富的馆藏，以及陈列馆优质的服务受到参观者广泛的好评。特别荣幸的是，两任国际奥委会主席萨马兰奇先生和罗格先生先后在何振梁先生的陪同下专程赴无锡参观了陈列馆，并对我国如此重视奥林匹克文化的传播以及馆内丰富的具有历史意义的系列化、多样化的藏品给予高度赞赏和评价。罗格先生欣然题字："祝贺这一了不起的奥林匹克纪念馆并感谢我的同事何振梁对奥林匹克事业所作的杰出贡献。"2014年8月，托马斯·巴赫主席夫人克劳迪娅·巴赫带领国际奥委会部分由执委、委员组成的妇女代表团赴锡参观了陈列馆，带去了托马斯·巴赫主席的问候，代表团的成员也对陈列馆的建设给予了高度评价。

陈列馆展出面积3800平方米，分主馆、副馆两个部分。主要展示了世界奥运史、中国五环之路以及何振梁先生的毕生伟业。何振梁的一生充满传奇，他见证了新中国五环之路的坎坷和发展，他的经历和中国奥运史、中华民族实现奥运梦是息息相关、不可分割的。

展览正是沿着这条主线展开，并且展品也着重表达了新中国从一个在奥运史上零记录的贫穷落后的国家，逐渐发展成为在2008年北京奥运会上一举夺取100枚奖牌、51枚金牌的强盛体育大国的历程。

馆内现有藏品2100多件。展出展品的选择以与历史重大事件相关为先，以年份前后分别排序。展品的摆放设计精巧、错落有致，遵循为主题服务的原则；展览文字、图片以尊重历史、还原历史为原则，力求通俗易读、一目了然、重点突出，使参观者容易理解并自然融入情景，从而激发出油然而生的爱国情感。辅助展品以国内外有影响的名人赠品穿插在单元内容之中。例如：萨马兰奇在2008年9月8日参观陈列馆时赠送的银杯，罗格在2008年5月25日陈列馆开馆典礼时赠送的顾拜旦铜象、2010年11月14日参观陈列馆时赠送的金五环摆件，以及中国企业家为北京申奥成功赠送的百米彩玉雕——《奥运之光》等。馆内现有二级文物1件，三级文物22件。陈列馆拥有两个小型影院、众多可供互动的体育游戏、一个收藏奥林匹克文化和史料的阅览室。2011年，陈列馆被国家体育总局和旅游局评为“2011年度体育旅游精品项目”。

临淄足球博物馆(旧馆)

临淄足球博物馆（旧馆），又名中国体育博物馆临淄分馆，坐落于临淄中心城区，展览面积2500平方米，于2005年9月12日建成开馆，2015年1月31日闭馆整体搬迁新馆。

临淄足球博物馆开馆近十年来，不断加强自身建设，努力打造足球起源地品牌。博物馆展览由古代足球和现代足球两大部分共10个展览单元构成，陈列了古今中外150多件珍贵文物和300多幅历史图片，另有复原场景20多个，系统展示了足球的起源、发展、影响和传播等几千年的演进历史和发展风貌。本馆浓缩了中国的蹴鞠文化史、民俗发展史、体育文化史和世界足球史，是一部立体的足球文化百科全书。博物馆馆藏的古今中外的珍贵文物和历史图片均由国家体育总局和中国体育博物馆提供，相关蹴鞠的文物极为罕见和珍贵。同时，临淄足球博物馆馆内设仿古蹴鞠表演项目，游客可免费观看仿古蹴鞠表演，也可与蹴鞠表演者进行互动游戏。

临淄足球博物馆的建成和开馆为临淄的蹴鞠和足球文化、运动及产业开发打造了一个坚实的平台，为临淄乃至淄博走出国门、加强与国际间的对外交流搭建了一座便捷的桥梁。

全国各地体育博物馆简介

齐文化博物院·足球博物馆(新馆)

齐文化博物院足球博物馆是在新形势、新要求和新环境之下，为整合临淄区的旅游文化资源，更好发挥“世界足球起源地”的影响力，依托原临淄足球博物馆建设。齐文化博物院是山东省和淄博市的重点文化工程，作为齐文化博物院工程中的龙头项目，足球博物馆的建设得到了社会各界的大力支持和广泛关注。

足球博物馆的设计理念是“临淄的蹴鞠，世界的足球”，建筑面积 1.17 万平方米，是一处集参观游览、休闲娱乐、历史文化研发和产品开发于一体的高水准的世界性足球公园。它浓缩了中国的蹴鞠文化史、体育文化史和世界足球史，是一部足球文化的百科全书。新建的足球博物馆分为室内和室外两部分，既有蹴鞠和足球文化展览，又有多个互动和体验区域，这里是一处全面展示蹴鞠文化和世界足球发展风貌的主题博物馆。

苏州体育博物馆（筹）

自2010年至今，苏州体育博物馆（筹）基本完成了苏州体育发展史展览大纲，并收集了数千件丰富翔实的史料和珍贵的物品，拟利用吴地文化和现代科技的表现手段来追溯苏州体育的发展历程，展示奥林匹克运动与苏州体育文化内涵，筹建集体育历史展示、体育理念传播、体育项目互动、体育精神弘扬为一体的专业性体育博物馆。博物馆馆藏的“苏州奥运参赛第一人”程金冠参赛照及队员签名照片、历届夏季奥运会火炬、百幅苏州书法名家体育主题墨宝等，都极具历史意义。

1936年中华代表团田径队及自行车队合影（后排右三为程金冠）

附录二

1980—2014 年历届冬季奥运会

中国体育代表团名单

第十三届（1980 年美国普莱西德湖）

团　长：　李梦华
副团长：　何振梁
教　练：　石质信　王界新　苏洪斌　刘宝生　金祖根　胡良奇

速度滑冰项目

运动员：　赵伟昌　郭成江　王年春　李虎春　陈建强　苏　和
　　　　　洪　星
　　　　　曹桂凤　张　丽　申贞淑　沈国芹　王丽梅　陈淑华
　　　　　孔美玉　朴美姬

花样滑冰项目

运动员：　丛文义　许兆晓　包振华　李　萍

滑雪项目

运动员：　朴东锡　李晓明　王桂珍　任桂平

现代冬季两项

运动员：　尹振山　宋永军　林广浩　韩金锁　王允杰

第十四届（1984 年南斯拉夫萨拉热窝）

团　长：　徐寅生
副团长兼秘书长：　刘　兴
副秘书长：　王正夫　屠铭德
管　理：　储家骥
翻　译：　张全胜

速度滑冰项目

领　队：　刘荣华
教　练：　王界新　徐生仁　孙显迟　林振坤
医　生：　傅学君
翻　译：　赵荫桐
运动员：　陈建强　王年春　赵士坚　李　伟　王非凡　盖志武
　　　　　曹桂凤　沈国芹　苗　敏　孔美玉　王桂芳　王秀丽

花样滑冰项目

领　队：　黄少杰
教　练：　王钧祥　李耀明　李　红
医　生：　常　富
翻　译：　丁小龙
运动员：　姚　滨　赵晓雷　栾　波　奚鸿雁　包振华

高山滑雪项目

领　队：　傅寿宁
教　练：　苏培亮　胡良奇
医　生：　李殿军
翻　译：　张淑英　杨建忠
运动员：　李光全　吴德强　刘长城　王桂珍　金雪飞

越野滑雪项目

领　队：　林纯先
教　练：　魏中发　权玉顺
翻　译：　张忠民
运动员：　宋　石　李晓明　朱殿发　林广浩　宋世纪　窦爱霞
　　　　　唐玉芹　陈玉凤　张长云

冬季两项项目

领　队：　宋永明
教　练：　唐桂发

翻　译：　戴　林
运动员：　龙云洲　刘洪旺　孙小平　宋文彬　宋勇君

第十五届（1988年加拿大卡尔加里）

团　长：　靖伯文
副团长：　赵常态
秘书长：　李国彬
联络专员：　张　弘
工作人员：　张全胜

速度滑冰项目

领　队：　朱承冀
教　练：　袭砚芳
医　生：　张俊和
运动员：　王秀丽　叶乔波　张　青　王晓燕　吕树海　刘飞

花样滑冰项目

领　队：　王应辅
翻　译：　张力为
教　练：　李　红　姚　滨　文海美
运动员：　张述滨　姜一兵　赵晓雷　刘陆阳　李　为　梅志滨

越野滑雪项目

教　练：　梁新安
翻　译：　佟立新
运动员：　赵　军　唐玉琴　王锦芬

参观团

团　长：　郝文举
团　员：　杜水芳　刘凤荣　李向林　孙景洲　谢瑞华　冯　飞

第十六届（1992 年法国阿尔贝维尔）

团　长：　徐寅生
副团长：　刘文殿

速度滑冰项目

教练员：　肖汉章　邓绍新　陈超华
运动员：　宋　臣　刘龑飞　刘洪波　戴　军　叶乔波　王秀丽
　　　　　刘丹希　薛瑞红　刘君红　张　青

短道速滑项目

教练员：　辛庆山　丁自来
运动员：　李连利　王秀兰　张　艳　李长香　李　琰　郑春阳

花样滑冰项目

教练员：　李明珠
运动员：　张述滨　杨　辉　张　露　韩　冰

高山滑雪项目

教练员：　黄　哲
运动员：　刘丽亚　李雪芹

越野滑雪项目

教练员：　李承赞
运动员：　吴金涛　宫桂萍　王　岩

冬季两项

教练员：　金石浩　王远臣
运动员：　王伟义　宋文斌　唐国良　谭洪彬　宋爱芹　王锦芬
　　　　　刘桂兰　王锦萍

第十七届（1994 年挪威利勒哈默尔）

团　长：　袁伟民
副团长：　赵常态
联络专员：　屠铭德
团部工作人员：　戴维镛　孙剑啸　刘凤荣　吕树森　朱建平
张全胜　朱　英　薛万河

速度滑冰项目

领　队：　朱承冀
管　理：　赵荫桐
教　练：　肖汉章　罗致焕　杨忠杰
医　生：　高维伟
运动员：　刘洪波　刘　飞　金　花　王曼利　薛瑞红
杨春媛　叶乔波

短道速滑项目

领　队：　兰　立
管　理：　周　京
教　练：　辛庆山　丁自来　李　琰
医　生：　冯长坤
运动员：　孔　新　李佳军　李连立　杨　赫　张洪波
苏晓华　王秀兰　杨　阳　张　晶　张艳梅

花样滑冰项目

领　队：　林晓华
教　练：　李明珠
运动员：　张　民　陈　露　刘　颖　赵国娜

冬季两项项目

领　队：　宋永明
教　练：　王远臣

管　理：　佟立新
运动员：　刘桂兰　宋爱芹　王锦芬　王锦萍

自由式滑雪项目

领　队：　金　志
教　练：　银　刚
运动员：　季晓鸥　尹　红

第十八届（1998 年日本长野）

团　长：　徐寅生
副团长：　屠铭德
副团长兼秘书长：　肖　天
副秘书长：　蔡季舟　朱承冀
官　员：　宋鲁增　李友林　张黄兰　郭瑞久　韩建国
　　　　　胡　冰　曹之海

短道速滑项目

领　队：　郭忠君
副领队教练：　兰　立
教　练：　辛庆山
管　理：　潘为民
医　生：　冯长坤
运动员：　李佳军　冯　凯　袁　野　安玉龙　王雪峰　杨　扬
　　　　　杨　阳　王春露　孙丹丹　秦　娜　俞劲楠

速度滑冰项目

领　队：　丁振平
教　练：　杨忠杰　范日东　邓少新
管　理：　尹志敏
医　生：　张树桥

运动员：　刘洪波　戴登文　李　雨　万春波　冯庆波　吴凤龙
　　　　　薛瑞红　金　花　杨春媛　宋　丽　王曼利　李雪松

花样滑冰项目

领　队：　任洪国
教　练：　刘洪云　姚　滨
管　理：　王玉民
医　生：　纪春楠
运动员：　郭正新　赵宏博　陈　露　申　雪

女子冰球项目

领　队：　于再洲
教　练：　张志男　姚乃峰
管　理：　张全胜
医　生：　付　君
运动员：　霍丽娜　宫　明　刘红梅　李　煊　党　红　吕　岩
　　　　　张　岚　杨秀青　桑　宏　陈　晶　国　伟　徐　蕾
　　　　　郭丽丽　王　微　马金平　马晓军　郭　宏　刘春华
　　　　　刁　莹　张　晶

冬季两项项目

领　队：　刘　耿
教　练：　宋文斌　王克金
管　理：　佟立新
运动员：　于淑梅　孙日波　刘金凤　刘显英

自由式滑雪项目

领　队：　单兆鉴
教　练：　陈洪彬　银　刚
管　理：　李宗刚
医　生：　李福云
运动员：　欧晓涛　郭丹丹　徐囡囡　季晓鸥　尹　鸿

越野滑雪项目

教　练：　崔光国
管　理：　魏代顺
运动员：　曲东海　吴金涛　郭冬玲　栾正荣

第十九届（2002 年美国盐湖城）

团　长：　袁伟民
副团长：　李富荣　段世杰　何慧娴　屠铭德
秘书长：　肖　天
副秘书长：　朱承冀　高志丹　赵英刚　史义辉　王静雨
官　员：　刘　军　温　文　常　耀　兰　立　梁晓龙　朱国平
　　　　　林晓华　孙　彪　张　智　周　京　魏代顺　侯秋玲

冬季两项项目

领　队：　刘　耿
教　练：　宋文斌　王伟义
医　生：　董大会
翻　译：　高学东
运动员：　张　庆　于淑梅　程晓妮　孙日波　孔颖超　刘显英

越野滑雪项目

教　练：　关惠明
翻　译：　孙柏青
运动员：　韩大伟　侯玉霞　栾正荣

花样滑冰项目

领　队：　任洪国
教　练：　姚　滨　高海军　田秋生　李　宁
医　生：　纪春楠

翻　译：　尹志敏
运动员：　赵宏博　佟　健　张　昊　李成江　李运飞　张　民
　　　　　曹宪明　申　雪　庞　清　张　丹　张维娜

自由式滑雪项目

领　队：　丁振平
教　练：　陈洪彬　杨尔绮
医　生：　庞晓峰
翻　译：　纪俊峰
运动员：　邱　森　韩晓鹏　欧晓涛　徐囡囡　郭心心
　　　　　李妮娜　刘丽丽　王　姣

女子冰球项目

领　队：　于再洲
教　练：　姚乃峰　王福全　于天德
医　生：　范秀彬
翻　译：　杨　东
运动员：　胡春荣　张　晶　刘延慧　马晓军　贯伟楠　姜丽梅
　　　　　刘红梅　王　瑛　吕　岩　杨秀青　陈　晶　金凤玲
　　　　　孙　锐　郭　宏　王莉诺　戴秋娃　沈甜甜　李　煊
　　　　　徐　蕾　桑　宏

短道速滑项目

领　队：　佟立新
教　练：　辛庆山　苏晓华
医　生：　闫　慧　张忠秋　李旭坤
翻　译：　杨占武
运动员：　李佳军　安云龙　李　野　冯　凯　李蒿楠　郭　伟
　　　　　杨　扬　杨　阳　王春露　孙丹丹　付天余　刘晓颖

速度滑冰项目

领　队：　胡春方

教　练：　梁晓萍　谢天恩　邓少新
医　生：　张世明
翻　译：　邢　朔
运动员：　刘广彬　马永斌　李　雨　于凤桐　宋　丽
　　　　　张晓磊　高　杨　王曼利　尤艳春　邢爱华
　　　　　杨春媛　金　花

第二十届（2006 年意大利都灵）

团　长：　刘　鹏
副团长：　于再清　段世杰　肖　天　崔大林　蔡振华
秘书长：　王揖涛
副秘书长：　史康成　宋鲁增　赵英刚　赵锋佩　肖国明
团部官员：　郭建军　温　文　刘晓农　任洪国　左志勇　李劲松
　　　　　　薛万河　胡春方　孙正桐　卢晓梅　刘君柱　沈　洁
　　　　　　陈　冲

短道速滑项目

领　队：　佟立新
翻　译：　杨占武
教练员：　辛庆山　伊　敏　冯　凯　杨占宇　王卫星　苏晓华
　　　　　杨　阳
队　医：　李旭坤　闫　慧
运动员：　杨　扬　王　濛　付天余　程晓蕾　朱米乐　李佳军
　　　　　李　野　李蒿楠　隋宝库　崔　亮

花样滑冰项目

领　队：　姚　滨
翻　译：　尹志敏
教练员：　陈晓飞　高海军　孙　雨　于立杰

队　医：　纪春楠

运动员：　赵宏博　佟　健　张　昊　李成江　张　民

　　　　　申　雪　庞　清　张　丹　刘　艳

速度滑冰项目

领　队：　肖　华

翻　译：　邢　朔

教练员：　谢天恩　陈光磊　凯文 Kevin Crockett（加）

　　　　　梁丽花

队　医：　吴　震

运动员：　于凤桐　李　雨　卢　卓　安伟江　张忠奇　李长宇

　　　　　高雪峰　王曼丽　任　慧　王北星　张　爽　邢爱华

　　　　　王　霏　吉　佳　张晓磊

自由式滑雪项目

领　队：　闫晓娟

翻　译：　杨　东

教练员：　达斯汀 Wilson Dustin Adam（加）

　　　　　辛　迪 Thomson Lucinda Rebecca（加）

　　　　　杨尔绮　纪　冬

队　医：　周臣泽

运动员：　邱　森　韩晓鹏　欧晓涛　刘忠庆　李妮娜　徐囡囡

　　　　　郭心心　张　鑫

冬季两项项目

领　队：　高学东

翻　译：　潘为民

教练员：　宋文斌　梁新安

　　　　　里尼 Rene Altenburger-Koch（德）

队　医：　焦文鹏

运动员：　张成烨（兼项，同时参加冬季两项和越野滑雪）

　　　　　刘显英　孔颖超　孙日波　殷　俏　侯玉霞　董　雪

越野滑雪项目

领　队：　丁　奕
教练员：　派瑞克 Per-Erik Rönnestrand（瑞典）
　　　　　关惠明　李晓明
队　医：　段立公
运动员：　李阁亮　田　野　夏　万　陈海斌　王松涛　韩大伟
　　　　　李志广　任　龙　张　庆　张成烨（兼项）　李宏雪
　　　　　王春丽　姜春丽　宋　波　徐英徽　霍　丽　贾雨平
　　　　　柳圆圆　刘丽明　满丹丹

单板滑雪项目

领　队：　田有年
教练员：　王葆衡
运动员：　孙志峰　潘　蕾

跳台滑雪项目

领　队：　安林彬
教练员：　科克 Koch Heinz（奥）
队　医：　何　蔚
运动员：　李　洋　杨　光　田占东　王建勋

高山滑雪项目

领　队：　孙柏青
教练员：　黄　哲
运动员：　李光旭　董金芝

第二十一届（2010 年加拿大温哥华）

团　长：　刘　鹏
副团长：　段世杰　肖　天

秘书长：　赵英刚　蔡家东
副秘书长：　蒋志学　张海峰　王揖涛　郭铭玉　陈应表　左志勇
任洪国　史义辉
团部官员：　李国平　杨善德　魏代顺　袁　虹　郭振明　王明晏
宋雪莹　张建华　李　峰　姜世才　田彤桂　李　治
王　钊　司　俊

短道速滑项目

领　队：　杨占武
副领队：　于海燕
翻　译：　王春露
教练员：　李　琰　杨占宇　Paul Marchese　徐英男
队　医：　闫　慧　李庆凤　陈方灿
运动员：　王　濛　周　洋　刘秋宏　张　会　孙琳琳　韩佳良
宋伟龙　刘显伟　梁文豪　马云峰

花样滑冰项目

领队兼翻译：　杨　东
副领队：　姚　滨（兼教练）
教　练：　陈晓飞　于丽杰　韩　冰　刘　巍　奚鸿雁
队　医：　李旭坤　吴　笛　何　蔚
运动员：　申　雪　庞　清　张　丹　刘　艳　黄欣彤　赵宏博
佟　健　张　昊　郑　汛

速度滑冰项目

领　队：　肖　华
副领队：　邢　朔
翻　译：　雷　懿
教　练：　Kevin Crockett　Sijtje van der Lende
乔　静　梁林花　冯庆波　陈光磊
队　医：　康惠峰　路　野
运动员：　王北星　金佩钰　任　慧　邢爱华　张　爽　董飞飞

付春艳　于　静　于凤桐　张忠奇　刘方毅　王　楠
高雪峰　孙龙将

自由式滑雪项目

空中技巧

领　队：　闫晓娟

翻　译：　李　扬

教　练：　Dustin Wilson　纪　冬　欧晓涛　陈洪彬　牛雪松

队　医：　周臣泽

运动员：　李妮娜　郭心心　徐梦桃　程　爽　刘忠庆　齐广璞
贾宗洋　韩晓鹏

雪上技巧

教　练：　银　刚

运动员：　宁　琴　李　楠

单板滑雪项目

领　队：　安林彬

翻　译：　王化梁

教　练：　刘长福　王葆衡

队　医：　付　君

运动员：　刘佳宇　孙志峰　蔡雪桐　曾小烨　史万成

冰壶项目

领　队：　李东岩

副领队：　赵雁虹

教练员：　Daniel Rafael　张　为　谭伟东

运动员：　王冰玉　柳　荫　岳清爽　周　妍　刘金莉　李洪臣
刘　锐　王奉春　徐晓明　臧嘉亮

冬季两项项目

领　队：　高学东

副领队：　王文刚

教练员：　宋文斌　Rene Altenburger-koch

队　医：　武　雷
运动员：　王春丽　刘显英　孔颖超　柳圆圆　宋朝卿　张成烨

冰球项目

领　队：　于天德
副领队：　王春业
翻　译：　段菊芳
教练员：　Hunnu Saintula　张志男　王福全
队　医：　冯长坤
运动员：　孙　锐　金凤玲　王莉诺　齐雪婷　唐　靓　高馥瑾
张　犇　霍　翠　张　爽　于柏巍　马　蕊　黄海静
崔姗姗　娄　月　谭安琪　姜　娜　石　瑶　贾丹丹
刘智新　张梦莹　韩丹妮

越野滑雪项目

领　队：　潘为民
教练员：　李晓明
队　医：　郑　重
运动员：　李宏雪　满丹丹　孙清海　许文龙

高山滑雪项目

领　队：　丁　奕
教　练：　郭军长
运动员：　夏丽娜　李　雷

第二十二届（2014年俄罗斯索契）

团　长：　刘　鹏
副团长：　肖　天　蔡振华

秘书长：　蔡家东
常务副秘书长：　赵英刚
副秘书长：　任洪国　左志勇　郭铭玉　宋继新　陈应表
团部官员：　温　文　马　云　杨善德　张　新　张建华　魏代顺
陈志宇　常　成　张　鹏　姜世才　沈　洁　王　钊
冯　晓　刘永坚

短道速滑项目

领　队：　于海燕
副领队：　刘　浩
教练员：　李　琰　Paul Marchese　Dustin Woods　徐英男　马云峰
队　医：　董　莉　李庆凤
运动员：　周　洋　刘秋宏　李坚柔　范可新　孔　雪　梁文豪
陈德全　武大靖　韩天宇　石竟男

花样滑冰项目

领　队：　杨　东
教　练：　姚　滨　李明珠　贾曙光　赵宏博　奚鸿雁
队　医：　刘冬森　何　蔚
运动员：　庞　清　彭　程　李子君　张可欣　黄欣彤　佟　健
张　昊　闫　涵　郑　汛

速度滑冰项目

领　队：　肖　华
翻　译：　王　丰
教　练：　冯庆波　Yoon Eui Jung　Jeremy Wotherspoon
队　医：　康惠峰　范秀彬
运动员：　王北星　于　静　张　虹　齐　帅　赵　欣　李奇时
李　丹　张　爽　白秋明　牟钟声　田国俊

自由式滑雪项目

空中技巧
领　队：　闫晓娟

翻　译：　王　振
教　练：　纪　冬　欧晓涛　周　冉　牛雪松　Matthew Macfall　Jeffrey Wintersteen
队　医：　周臣泽
运动员：　李妮娜　张　鑫　徐梦桃　程　爽　刘忠庆　齐广璞　吴　超　贾宗洋

雪上技巧
教　练：　Murry Cluff
运动员：　宁　琴

单板滑雪项目

U 型场地技巧
领　队：　李　扬
管　理：　邢　朔
教　练：　Christopher Ryan Clark
队　医：　程　杨
运动员：　刘佳宇　蔡雪桐　孙志峰　李　爽　张义威　史万成

冰壶项目

领　队：　李东岩
副领队：　王春业
翻　译：　雷　懿
教练员：　谭伟东　李洪臣　Marcel Rocque
运动员：　王冰玉　柳　荫　岳清爽　周　妍　姜懿伦　刘　锐　徐晓明　巴德鑫　臧嘉亮　邹德佳

冬季两项项目

领　队：　安林彬
翻　译：　王绎翔
教练员：　Markus Peter Fischer
运动员：　张　岩　唐佳琳　宋朝卿　宋　娜　任　龙

越野滑雪项目

教练员：　李晓明
运动员：　满丹丹　李宏雪　孙清海　许文龙

高山滑雪项目

领　队：　高学东
运动员：　夏丽娜　张宇欣

主要参考书目：

《百年奥运史》，易剑东编著，2008 年 6 月版，百花洲文艺出版社

《奥林匹克百科全书》，任海主编，2008 年 4 月版，中国大百科出版社

《奥林匹克大逆转》，麦克尔·佩恩著，郭先春译，2005 年 7 月版，学林出版社

《张斌话规则》，张斌主编，2012 年 8 月版，电子工业出版社

《照照这面镜子：岩松夏丹说伦敦奥运》，中央电视台新闻频道著，2012 年 10 月版，光明日报出版社

《奥运百年》，体育图书编委会主编，2012 年 7 月版，吉林科学技术出版社

《奥林匹克奖牌》，吉姆·格林菲尔德、奥格勒·沃龙佐夫、吉姆·拉莱编，孟宇微译，2008 年 4 月版，人民体育出版社

D'UNE CERTAINE IMAGE DES JEUX (Temoins), By MUSEE OLYMPIQUE LAUSANNE, 2003 April, International Olympic Committee

He Zhenliang and China's Olympic Dream, By Liang Lijuan, 2007, Foreign Languages Press

参考网站：

www.olympic.org
www.olympic-museum.de
www.olympic.cn
www.ioneil.com
www.la84.org
www.beijing-2022.cn

图书在版编目（CIP）数据

奔跑奥林匹克 / 侯琨，吴静钰编著 . —上海 : 文汇出版社，2015. 7

ISBN 978-7-5496-1525-4

Ⅰ. ①奔… Ⅱ. ①侯… ②吴… Ⅲ. ①奥林匹克运动—通俗读物 Ⅳ. ① G811. 111-49

中国版本图书馆 CIP 数据核字（2015）第 146975 号

奔跑奥林匹克

著作权人 / 侯　琨　吴静钰
策　　划 / 陈雪春
责任编辑 / 吴　斐
装帧设计 / 刘　啸

出版发行 / 文匯出版社
上海市威海路755号
（邮政编码200041）
印刷装订 / 苏州工业园区美柯乐制版印务有限责任公司
版　　次 / 2015年7月第1版
印　　次 / 2015年7月第1次印刷
开　　本 / 787×1092　1/16
印　　张 / 16.5
字　　数 / 70千

ISBN 978-7-5496-1525-4
定　　价 / 58.00元